3.—

**Aha Fliegeverlag**
*CH-4054 Basel*
*Telefon: 061'281'01'44*
*e-mail: rolf.vogt @ahafliege,ch*
*info@ahafliege.ch*
*www.ahafliege.ch*

*Die Einnahmen aus dem
Verkauf des Buches kommen
der Kober-Schwabe Stiftung
für Natur- und Landschafts-
schutz zu Gute.*

ISBN 978-3-905433-26-5

# ALTE GÄRTEN
# ALTE GÄRTNER

## Einige Gedanken zum Altersgarten
## von Inge Kober

Die Vignetten haben keine direkte Beziehung zum
jeweiligen Text, sie möchten nur etwas vom Naturerlebnis,
den Wundern und der Stimmung vermitteln,
in die der alte Gärtner täglich eintaucht.

2007

# Inhaltsverzeichnis

Vorwort . . . Seite 6
1. Portrait: Dr. Robinson . . . Seite 10
*Zwischenstück: Der Wandgarten* . . . *Seite 18*
2. Portrait: Meine Gartenfreundin . . . Seite 24
*Zwischenstück: Die Bienenvilla* . . . *Seite 36*
3. Portrait: Onkel Teddy . . . Seite 40
*Zwischenstück: Krimis im Garten* . . . *Seite 48*
4. Portrait: Gerda . . . Seite 62
*Zwischenstück: Das Loslassen* . . . *Seite 72*
5. Portrait: Onkel Arthur . . . Seite 78
*Zwischenstück: Blumenwiesen* . . . *Seite 84*
6. Portrait: Meine Schwester . . . Seite 94
*Zwischenstück: Über Topfgärten* . . . *Seite 102*
7. Portrait: Nicole . . . Seite 110
*Poesie im Altersgarten* . . . *Seite 126*

*Libellflug S. 42*

# Vorwort

Heute, in hohem Alter, bin ich immer noch täglich im Garten tätig, und die Lebensfreude, die mir mein Garten schenkt, möchte ich versuchen zu vermitteln, als Dank, in erster Linie an die Natur.

Aber: "Zwei Seelen, ach, fühl ich in meiner Brust", die eine ist die Gärtnerseele und die andere die Naturschutzseele, und diese zwei liegen sich oft arg in den Haaren, ziemlich streitbar, wie man aus folgendem Gespräch entnehmen kann:

- Soll ich die Läuse auf den Rosenknospen mit Insektizid spritzen?
*Um Gottes Willen nein, denk an die Marienkäfer und ihre Larven! und an deine Blaumeisen, welche ihre Jungen gerne mit Läusen füttern.*

- Die vielen Raupen auf dem Pfaffenhütchenstrauch und auf den Königskerzen?
*Es sind die zukünftigen Schmetterlinge….*

- Diese Schneckenplage! nur ein paar Schneckenkörner…. ein wenig versteckt…?
*Hast du die Leuchtkäferchen, ihre Larven, die drei Jahre von Schnecken leben, vergessen? Und der qualvolle Tod der Verachteten, Schleimigen? Es gibt so viele wunderhübsche Häuschenschnecken, was ist mit ihnen?*

Ohne Ende die Diskussionen.
Eine Gratwanderung!

Aber im Alter unterliegt der Gärtner immer öfter und die Naturschutzseele schwingt obenauf.

Der nachgewiesene Schwund der Artenvielfalt und all die anderen Umweltkatastrophen, die uns förmlich überschwemmen, helfen. Und: im Alter wird man toleranter, auch denen gegenüber, die der Mensch als "Un"-kräuter und "Un"-geziefer bezeichnet. Über dieses toleranter werden im Garten und was man dabei gewinnt, handelt dieses Buch.

Es ist eingeteilt in sechs Kapitel, deren jedes die Geschichte eines alten Gärtners oder einer alten Gärtnerin, und wie sie im Alter mit ihren Gärten umgehen, erzählt. Dazwischen eingeschoben sind Betrachtungen über Fragen, die sich im Altersgarten stellen oder mir wichtig scheinen.

Es hat sich ergeben, dass alle hier beschriebenen Gärtner/Innen relativ grosse Gärten hatten oder haben - die meisten sind schon gestorben - was keineswegs heisst, dass sich nicht auch in kleinen Gärten - Vorgärten oder Hinterhöfen - ähnliche Fragen stellen und dass auch diese Gärten eine grosse Rolle im Gefüge der Siedlungen und der Natur spielen. Ich erinnere nur an die Vernetzungen, die es gewissen Pflanzen und Tieren ermöglichen zu überleben.
Wichtig war mir in der Auswahl die Liebe des Gärtners zu seinem Garten.

Gemüsegärten und Schrebergärten kommen hier zu kurz, ihnen müsste man ein eigenes Buch widmen.

Ohne endlose Garten-Gespräche und Austausch mit meiner Freundin Gilberte, seit frühester Jugend an, wäre heute mein Garten und meine Garten Erfahrung ärmer. Diese Gärtnerin verfügt über grosse Kenntnisse und hat oft über Gärten nachgedacht, auch über die Farben in einem Garten und deren Einfluss auf das Gemüt. Ihr verdanke ich viel meines eigenen Gartenglückes. Ich habe ihr das Kapitel über Topfgärten gewidmet, denn sie musste umständehalber ihren Garten aufgeben und in eine Wohnung ziehen, wo sie weiter gärtnert und ihre Terrasse in etwas Wunderbares verwandeln wird.

Sollte es mir vergönnt sein, noch ein paar Jahre in meinem Garten zu bleiben, sähe das heute Geschriebene vielleicht anders aus, neue Erfahrungen kämen dazu und die alten werden verblassen, denn nichts ändert sich so rasch wie ein Garten.

Inge Kober

Arlesheim 2007

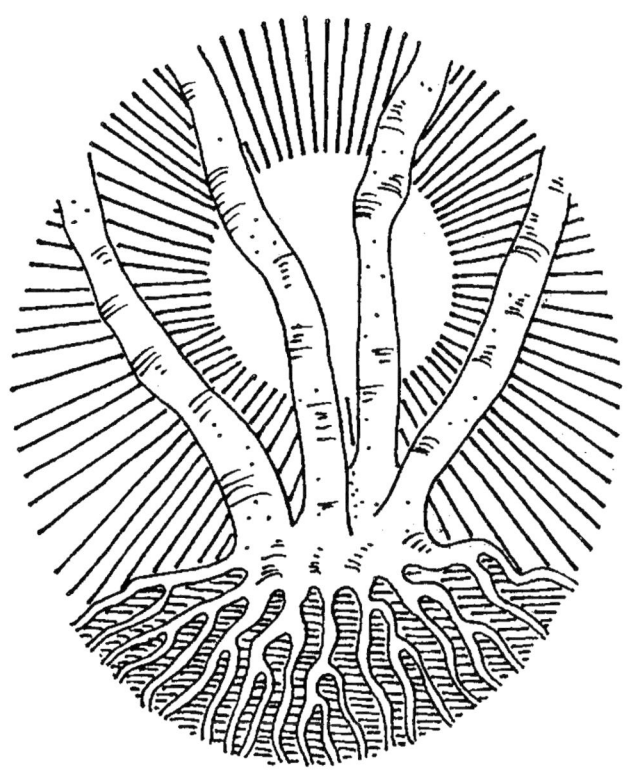

# Dr. Robinson
1887 bis 1978

Ich beginne dieses Buch mit dem Portrait eines Englischen Gärtners. Wie könnte es anders sein!
England hat der Welt die schönsten Gärten geschenkt. Die Engländer selbst bezeichnen sich als das Volk der Hobbygärtner und sie sind stolz alle Pflanzennamen zu kennen. So wie uns die Namen von Fussballclubs, dem Schwingerkönig und D.J. Bobo geläufig sind, spricht jeder Engländer von nichts lieber als von seinen *Meconopsis chelidonifolia*, seiner *Monarda amplexicaulis* oder seinem *Lilium speciosum gloriosoides*.
Wie ärmlich stehe ich dann vor meiner *"Iris germanica"*, deren Namen ich mühsam auswendig gelernt habe!

Dr. Robinson ist in England nicht als grosser oder ausserordentlicher Gärtner bekannt geworden, sondern als "Head of the British Museum for coins and medals", Direktor des Britischen Museums für Münzen und Medaillen, aber er war eben auch ein begeisterter Gärtner, ein ungewöhnlicher Mensch und ein Humanist, wobei alle drei eine Einheit bildeten, und neben und durcheinander wirkten!

Als ich ihn näher kennen lernte war er bereits achzig Jahre alt, lebte damals im Ort Stepleton in der Grafschaft Dorset in einem behäbigen Landhaus aus der Zeit der Queen Ann und dieses Gebäude war umgeben von einem alten Garten, der alllmählich in weitgeschwungene Hügel und Weiden überging, die Downs. Die Landschaft als Garten und der Garten als Landschaft. Ums Haus herum standen hohe Bäume: Weiden, Buchen, Platanen und es gab einen kleinen See, über den eine geschwungene Brücke führte. Auf ihr und um sie herum war das berühmte Werk von Fielding: *Tom Jones* verfilmt worden. Es gab auch eine normannische Kapelle, einen Fischteich, einen Irisgarten und entlang einem kleinen Bach einen Wassergarten, der Dr. Robinson besonders am Herzen lag, denn er hatte ihn selbst sorgfältig geplant. Das Erstaunliche ist, dass Dr. Robinson in vorgeschrittenem Alter Haus und Park nur gemietet hatte, er verwaltete fremden Besitz, aber mit welcher Freude und Hingabe . . . . . und das ist was zählt!

Um dies alles beaufsichtigen und täglich sehen zu können, hatte sich Dr. Robinson, der aus dem ersten Weltkrieg mit einem durchschossenen Knie heimgekehrt war und unter dieser Behinderung lebenslang litt, etwas, das er sein "iron horse", sein eisernes Pferd, nannte, konstruieren lassen, ein ratterndes kleines Gefährt mit Motor auf vier Rädern und einem Sitz, das ihn überall hinbringen konnte, auch auf den holprigsten, entferntesten und engsten Pfaden. Auf diesem klappernden, eisernen Pferd sitzend und geschüttelt, begleitete er seine Besucher durch seine Wiesen-Gründe und Gartenlandschaft. Für kleinere Rundgänge benützte er zwei Krücken.

Um dem Garten auch in seinen Ruhestunden nahe zu sein, hatte er in seinem Zimmer, das ihm als Wohn. Schlaf-, Besucher-, und Studierzimmer diente, sein Bett so in die Mitte des Raumes und an das Fenster gerückt, dass er von ihm aus auf den Garten, auf die Weiden mit den schwarz-weissen Kühen und die sanften Hügel von Dorset sehen konnte. Das grosse Haus beherbergte viele Räume, aber dem unkonventionellen Mann diente dieses Arrangement so am besten, abgesehen davon vibrierte in seinem mit altem Geräte, mit Büchern und

Schriften und Notizzetteln vollgestopften Raum eine geistige Kraft, die jeden Besucher ergriff.

Die Nächte verbrachte der alte Mann lesend, schreibend und studierend in einem geräumigen Lehnstuhl vor dem brennenden Kamin sitzend, eingehüllt in einen pelzgefütterten Hausrock, den ihm die Universität Oxford geschenkt hatte, als sie ihm die Doktorwürde verliehen hatte, eine in England seltene akademische Ehrung, die damals nur den herausragendsten Persönlichkeiten des Landes zuerkannt wurde.

Jeden Morgen war der erster Gang von Dr. Robinson zu seinem *walled garden*, ein Muss für jede grössere englische Gartenanlage. Innerhalb schützender Mauern werden hier Gemüse und wärmeliebende Pflanzen gezogen. Das Herzstück dieses walled garden bildete ein runder, kleiner Fischteich, eingebettet in blühende Sumpfschwertlilien. Dr. Robinson lehnte auf seinen zwei Krücken und erzählte von seinem Liebling, dem grossen Fisch, der hier wohnte und alle 50 Goldfische, die Dr. Robinson, zur goldenen Hochzeit geschenkt bekommen hatte, aufgefressen hat! Ein gefrässiger Liebling, auf den sein Herr und Meister auch noch stolz war!

Die nächste Station war das Irisbeet. Iris werden in England selten in ein Staudenbeet integriert, denn sie sind nach der Blüte allzu unansehnlich. Sie dürfen unter sich sein, um nach einer fulminanten Blüte ungraziös zu verwelken. Zuerst eine Prinzessin, die ihren Staat aus einer Knospe bezieht, wie Aschenputtel den Seinen aus einer Nussschale, aber dann nicht auch noch zur Königin wird, sondern in Staub und Asche untergeht - bis zum nächsten Jahr . . . . .

Im Moment standen die Iris in voller Blüte und wurden vorgeführt. Dr. Robinson schenkte uns ein paar Rhizome seiner zwei besten Sorten, die bis heute in meinem Garten weiterblühen als meine Schönsten in jeder Beziehung. Ich nenne sie "Mr. Robinson eins" und "Mr. Robinson zwei", und wenn sie blühen, leuchtet der ganze Garten.

Nach dem Besuch beim Fisch und den Iris, machen wir uns auf den Weg zum Wassergarten. Er beginnt beim See und zieht sich einem Bach folgend allmählich verwildernd in die Landschaft hinein. Dr. Robinson hat seine Ufer mit Schilf und den schönsten Hostas in verschiedenen Mustern, Grün- und Grautönen bepflanzt, dazwischen Gruppen von Etageprimeln, die gerne feucht wachsen und Gunneras, die damals noch selten waren. Hier lebt allerlei Wassergeflügel. Ein Reiher fliegt auf. Fünf Eisvögel bewohnen seinen Wassergarten, erzählt Dr. Robinson, aber nur *die* Menschen, die reinen Herzens sind - *pure of heart* - können sie sehen, fügt er hinzu. Ich vermute er prüft so seine Besucher - ich sehe leider keinen einzigen der Vögel!

Die Lieblingsblume von Dr. Robinson ist die Schachbrettblume, auch Kibitz- oder Kuckucksei genannt, *Fritillaria meleagris*, ein kleines, einheimisches, anmutig purpurn gemustertes Liliengewächs, das im Juni blüht. Er liess Tausende der weissen Zwiebelchen in seinen Garten pflanzen . . . . . . . abgezählte sieben Stück gingen auf!
Daraufhin versuchte er es mit Tausenden von Cyclamen mit mehr Glück.

Während wir seine Pflanzen abschritten, wies er auf die fensterartigen Lücken in den Hecken hin, Gucklöcher, die ihm immer wieder den Blick aufs Ganze, in die Landschaft hinaus ermöglichen, allfälligen Spaziergängern aber auch den Blick in seinen Garten gönnen. Seinen Gärtnern ist es sicher nicht leicht gefallen, die gepflegten Hecken derart zu "verstümmeln" und der Philosophie ihres Arbeitgebers zu folgen!
Natürlich müssen diese Gucklöcher immer wieder ausgeschnitten und frei gehalten werden.

Dazu meinte Dr. Robinson: "Wir versuchen die Natur zu zähmen, aber das alte Luder pfuscht uns immer ins Handwerk" (We try to tame nature, but the old bitch always drives the good things out! )
Nachdem der alte Mann derart seine Schätze ausgebreitet hatte, war es Zeit zum Abendessen geworden. Das war damals (1971) eine wichtige Angelegenheit, die in den guten Händen einer sehr traditionsbewussten Haus-Herrin und von viel Personal lag! Es gab einen Gongschlag, der zum Umkleiden aufforderte und in gebührendem Abstand einen, der zum Essen rief.

Dr. Robinson, der das Umkleiden als ziemlich mühselige und unnötige Angelegenheit betrachtete, einerseits wegen seiner Behinderung, anderseits wegen der also verschwendeten Zeit, die seinem Garten abging, schlug der Tafelrunde ein Schnippchen. Er hatte zwar einen tadellosen Butler, genannt *Beethoven*, a Gentlemans personal Gentleman, der in schwarzem Smoking lautlos seines Amtes waltete und dessen Aufgabe es war, den alten Mann zu bedienen und ihm in solchen Angelegenheiten behilflich zu sein, aber Dr. Robinson nahm ihn nicht gerne in Anspruch. Er verfiel auf den "mermaid change" (das Meerjungfrau-Umziehen), wie er das nannte: Niemand würde bemerken, dass er an der Tafel sitzend, oben korrekt in weissem Smokinghemd und schwarzem Jackett erscheinend, unter dem Tisch seine Gartenhosen und Gartenschuhe trug!

Mit derselben souveränen, augenzwinkernden Überlegenheit erschien er später im Leben - er musste da schon hoch in den achziger Jahren sein - an einem gesellschaflichen Anlass in London in einem schwarzen - - - - *Rock*, den es sich selbst genäht hatte. Er hatte damals sein Landhaus und den Garten aufgegeben und lebte in London neben dem Britischen Museum. Er wollte seine Selbständigkeit so weit wie möglich wahren, aber das Anziehen der Hosen war ihm beschwerlich geworden, ein Rock, sagte sich dieser Mann, war doch viel bequemer, man musste nicht mühselig in die Hosenbeine schlüpfen, einen Rock konnte man sich einfach über den Kopf stülpen! So bequem wie möglich hatte er sich dieses Kleidungsstück erfunden und um sicher zu sein, dass auch alles nach Wunsch ausgeführt werde, selbst angefertigt! Gärtner sind wundervolle Menschen!

Der Garten und die Natur bedeuteten Dr. Robinson viel, aber er war nicht nur ein planender, fantasievoller Gärtner, seine Beziehung zum Leben hatte tiefere Wurzeln. Er dachte über die Gesetze des Zufalls nach und über eine neben der realen Welt existierende, geistige Welt. Aber die können nur die „die reinen Herzens sind" sehen und betreten.

Ausser dass dieser erstaunliche Mann einen Garten plante und zusammen mit vier bis fünf Gärtnern betreute und mit Hilfe von zehn Mitarbeitern eine Enzyklopädie der Münzen schrieb, sammelte er auch noch Gespenster- und andere unheimliche Geschichten. Er sagte: Die Welt des logischen Denkens, Ursache und Wirkung, ist den Menschen nützlich, darum hat sie überhandgenommen und eine andere Welt verdrängt, in der nicht die Logik sondern andere Gesetze herrschen. Aber diese andere Welt existiert noch, nur kann unser Verstand nicht an sie heran. C.G. Jung habe es auf eine Art und Weise versucht, der er nicht genau folgen könne, er bezweifle diesen Weg. Dr. Robinson war überzeugt, dass Nichts Zufall ist. Es gibt keinen Zufall nur uns verborgene Zusammenhänge.

Kurz nach Dr. Robinsons Tod im Jahr 1978 ereignete sich im Garten von Stepleton folgendes: Ein Gärtnerlehrling starrte seinem Lehrmeister über die Schulter.
Der fragte: "Was ist, was schaust du so dorthin?"
Der junge Mann antwortete: "dort stand der nette, alte Gentleman mit seinen Krücken, von dem Sie mir erzählt haben, er sei gestorben. Er winkte mir zu."

Die Ausstrahlung des Gartens ist die Seele des Gärtners.

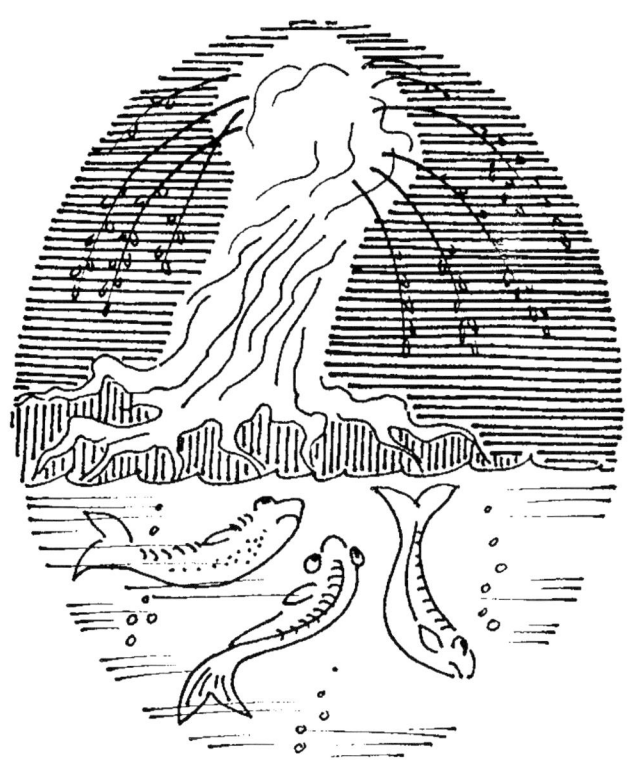

# Erstes Zwischenstück
# Die Wand

Wenn man einen Garten als "umzäuntes, also begrenztes, Stück Lebensraum", heute Biotop genannt, definiert, dann kann auch eine Hauswand ein Garten sein.
Es gibt laut Grimms Wörterbuch unzählige Gärten, vom Rosengarten bis zum Biergarten, vom Lustgarten bis zum Klostergarten, (was manchmal dasselbe ist!) vom Zaubergarten bis zum Wintergarten usw. Es gibt auch den Garten der Malerin; im übertragenen Sinn sind das die Gemälde, die meine Jugendfreundin Karin malend betreut. Ich füge der langen Liste nun meinen "Hauswandgarten" bei!

Im Dorf, das kein Dorf mehr ist, steht noch ein sehr altes Haus, eigentlich ein Gehöft, man nennt den Gebäudekomplex auch den Sundgauerhof.

Dieses Relikt aus dem 16. Jahrhundert seufzt nicht so sehr unter der Last der Jahre als unter dem Auto-Verkehr und seinen Nachbarn aus neuerer Zeit, nutzbringenden Gebäuden aus Beton, Glas und Kunststoff, mit den dazugehörenden Autoparkplätzen, die das alte Haus, das kaum jemand beachtet, bedrängen und niederdrücken, denn es ist nicht sehr hoch, seine Fenster sitzen etwas schräg in der Bruchsteinmauer, in seinem, nach der Strasse zu offenen Innenhof steht hölzernes Geräte, das ordentliche Dorfbewohner lieber entsorgt sähen, und dann noch der den Hof gegen Osten abschliessende Schopf.

Der Besitzer aber geht unentwegt seiner Wege. Er passt zu seinem Haus, entweder hat das Haus sich ihm oder er sich dem Haus angepasst, jedenfalls hat keines etwas gegen das Andere einzuwenden. Der

Besitzer ist nicht mehr jung aber auch noch nicht alt, er hat vielleicht noch ein paar Jahrzehnte vor sich und das Haus entsprechend ein paar Jahrhunderte.
Das hoffe ich.

Der Mann hat an einer Ecke des Schopfes eine Kletterrose gepflanzt, diese ist bis unter das vorstehende Dach hinaufgeklettert, weil es der Fremden trotz des Feinstaubes und anderer moderner Widerlichkeiten wohl zu sein scheint. Sie ist ein Blickfang und bildet den Abschluss, sozusagen ein Stück Zaun des Wandgartens. Gegen Rosen haben die Menschen nichts einzuwenden, sie gelten als vornehm und kommen aus dem Orient wie Scheherazade und Morgiane und all die anderen verschleierten, klugen Prinzessinnen aus Tausend und einer Nacht, die unsere Kindheit verzauberten und die wir heute samt ihren Kopftüchern in ihre Länder zurückschicken.Neben der Rose wachsen im Wandgarten keine Pflanzen, ausser vielleicht ein paar Algen und Flechten.

Die Wand ist kahl und gleicht von weitem irgendeiner Wand. Sie ist wohlproportioniert, mit drei länglichen, schmalen Luken im oberen Teil, die einmal der Lüftung der hier gelagerten landwirtschaftlichen Güter dienten und einer breiten, überwölbten Türe, die zu einem späteren Zeitpunkt in die Bruchsteinmauer eingefügt wurde. Man hat der Wand vor vielen, vielen Jahren den Mörtelverputz verpasst, der ihr wohl ansteht und der die Bruchsteine fast überall bekleidet. Das Ganze ist von einer gefälligen hellen Lehmfarbe.
Das nun wäre mein Wandgarten - aber nicht ganz! Ich nenne ihn ab-

sichtlich nicht Mauergarten, denn Mauern in Gärten gibt es viele, sie sind nichts Besonderes wenn auch sehr reizvoll.

Mein Wandgarten aber ist etwas Besonderes.
Die meisten Menschen gehen achtlos an ihm vorbei, womöglich in den nächsten Supermarkt oder Discounter, wo sie dann Insekten Vertilgungsmittel kaufen für ihre Gärten und Häuser gegen Ameisen, Wespen und das, was wir Ungeziefer nennen.

Aber mein Wandgarten *lebt*, wenn auch nicht auf den ersten Blick. Auf den zweiten Blick kann man sie dann sehen, die unzähligen kleinen Löcher im Mörtel, die Wildbienen, Mörtelwespen oder andere Insekten in sicher mühsamer Arbeit in den Verputz der Mauer hinein gegraben haben, kleine Höhlen als Brutstätte für ihre Eier, die sie mit einem Vorrat von Pollen versehen, bevor sie die kleinen runden Wiegen mit einem Deckel aus Lehm zumauern. In der dafür vorgesehenen Zeit schlüpfen dann die neuen Generationen aus, d.h. sie müssen sich zuerst einen Weg durch den Deckel-Verschluss bahnen bevor sie davonfliegen zu neuen und immer wieder neuen Generationen.

Ein bekannter Wildbienen- und Insektenforscher, Herr Dr. Töpfl hat meinen "Wandgarten" besucht, er war begeistert. Seidenbienen, Wollbienen und Kuckucksbienen hat er festgestellt. Letzteres kleine Insekt hat - wie der Kuckuck - entdeckt, dass es viel bequemer ist, die eigene Brut von Anderen versorgen zu lassen und schmuggelt in unbeaufsichtigten Momenten seine Eier in deren Brutzellen!
Was für Paralellen allüberall . . . . .

Pflegen allerdings kann den Wandgarten nur der Besitzer des Schopfes. Das heisst, er muss nicht jäten und giessen und hacken, aber er muss darauf achten - und das ist oft die noch viel grössere Aufgabe, - dass niemand auf die Idee verfällt, seine Wand zu stören oder gar zu erneuern, auszuflicken, zu verputzen, abzuwaschen oder zu bemalen. Kurz: Er darf kein gewöhnlicher Alltagsmensch sein - und dazu braucht es heutzutage viel Charakter und Standfestigkeit und Überzeugung. Die Insekten und vernünftige Menschen, die nicht jede Mauer renovieren zu müssen meinen, sind ihm dankbar, allen voran die Naturfreunde, die Künstler und Poeten!

Der ewige Kreislauf, der hier schon lange stattfinden muss, hat die Wand natürlich ein wenig mitgenommen. Wie viele kleine Tiere haben hier gebohrt, gegraben, gemauert und geschuftet und so am Fusse der Mauer ein klein wenig Abfall zurückgelassen, winzige Krümelchen, die wir mit den unzähligen, prallen Abfallsäcken, die wir Menschen jeden Donnerstag vor unsere Türen stellen, - jahrein, jahraus, - vergleichen können!

Die kleinen Sandkörnchen und Krümelchen aber, der Abfall der fleissigen Insekten, werden beim nächsten Regen weggeschwemmt.

Was für ein Beobachtungsfeld für ältere Menschen. Was für eine Gelegenheit der Natur und ihren Wundern näher zukommen! und auf Tausend Fragen, die sich stellen Antworten zu suchen und vielleicht zu finden oder - - - - nicht zu finden und an die Antworten Tausend neue Fragen zu stellen.

Es gibt noch keine Firma, die "Wandgärten" fördert oder verkauft: Mörtelwände, künstlich hergestellt, auch für den kleinen Garten, für Liebhaber, für Altersheime zum Beispiel.

Wer aber eine echte Mörtelwand besitzt, möge die Kostbarkeit hüten!

Zu befürchten hat niemand etwas von den Insekten, sie sind froh, wenn sie unbehelligt ihrer Bestimmung nachgehen können.

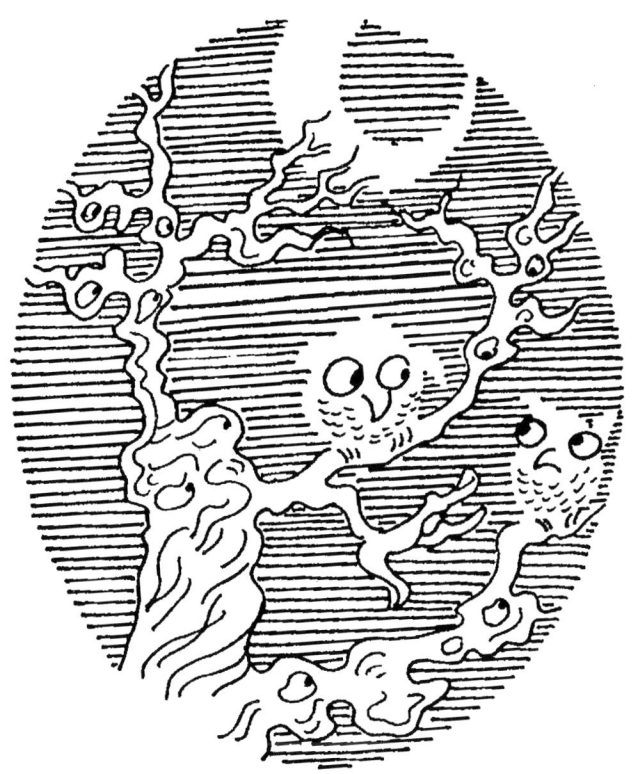

# Meine Gartenfreundin

Wenn ich ein Buch über Gärten machen würde, müsste SIE die Titelfigur sein: Die Gärtnerin wie sie in unserer Vorstellung lebt, zeitlos und alterslos, im grünen Schurz, umgeben von allerlei Gartengeräten, Spaten, Giesskanne, Rebschere und Korb, das Schüfeli in der Hand und natürlich umgeben von Pflanzen.

Sie hat, solange ich zurückdenken kann, in dem Jugendstilhaus, das Carl Albrecht Bernoulli 1906 erbaut hat, gelebt. Haus und Garten hat sie gepflegt, so wie sie sie übernommen hat, mit den hohen Buchen im Osten, den Obstbäumen auf der Matte, den Mäuerchen und Treppen, dem Brunnen, dem Gartenhaus und der Hecke gegen Sonnenuntergang.

Die Blumen, die vielen Blumen des Gartens, die hat sie selber gepflanzt.

Über der Haustür liess Carl Albrecht Bernoulli, der Dichter der Schweizerhymne, eine Inschrift anbringen: "Zur jungen Sonne". Wenn man meine Gartenfreundin heute sieht, gebückt, mit grauen Haarsträhnen, im 85sten Lebensjahr mehr schwankend als gehend, denkt man an die "Abendsonne", wenn man aber durch diese Zeichen des hohen Alters hindurchsieht, nimmt man die "junge Sonne" wohl wahr.

Gärtner haben so ihre Gartenkleider, in denen sie sich wohlfühlen, und die viel über sie aussagen. In einem berühmten englischen Garten empfingen uns einmal die Gartenbesitzerin und ihre Gehilfen in auffälligen, apart geschneiderten Gartenschürzen, so ähnlich, wie Goethe sie in den Wahlverwandtschaften für eine Schar Hilfsknaben anregt.

Das war eine Schau für die Gruppenreisenden und Besucher.
Echte Gärtner werden da misstrauisch.

Meine Gartenfreundin trägt immer eine rote, verblichene Strickjacke, deren Holzknöpfe vor 50 Jahren Mode waren. Die Jacke hat aufgenähte Ellbogenschoner - nicht als Dekoration, sondern als lebenserhaltende Massnahme - sie ist überall geflickt, aber sie hat sich eine Art Würde erworben. Man sieht auch gleich, wo im Garten die Gärtnerin sich aufhält, obwohl das Rot so verwaschen ist, dass jede noch so bescheidene Blüte es mit ihm aufnehmen kann. Zur Jacke gehören graue oder erdfarbene Röcke und wetterfeste Schuhe. Diese sind nicht gerade zierlich, aber sie treten sorgfältig auf zwischen den zarten Setzligen und Pflänzlein.
In der Schürzentasche steckt stets die Brille.

Als wir uns näher kennen lernten und Garten-Erfahrungen auszutauschen begannen, hat sie mir viel von meinem Vater erzählt und vom Eindruck, den sein Garten auf sie gemacht hat. So wie SEIN Garten sollte IHR Garten werden: üppig und wild unter pflegender Hand, Blüten, wo immer sie möglich waren, übereinander, nebeneinander, durcheinander, überall. Im Laufe der Jahre ist sie ihrem Vorbild nahe gekommen.

Oft sagt sie: "Diese Primeli hat mir noch ihr Vater gegeben" oder "Diese Iris kommt aus dem Garten ihres Vaters." Viele Pflanzen mit "rein-blauen Blüten"- das Entzücken meines Vaters - fanden ihren Weg aus dem hinter Mauern ver- und geborgenen Garten meines Vaters in ihren nach Westen offenen Hanggarten und dort fuhren sie fort zu blühen und zu gedeihen, denn sie wurden ja bestens gepflegt.

Wenn ich ihre Hände betrachte unter denen so viele kleine Pflänzlein und Sämlinge emporwachsen, muss ich an die Hände des berühmten Scherenschnittkünstlers Johann Jacob Hauswirth denken. Seine Scherenschnitte sind die zartesten, poesie- und phantasievollsten Gebilde. Geschaffen hat er, der Holzhauer, sie mit einer Schere, an die er für seine groben Daumen eine extra Drahtschlaufe anbringen musste. Wären seine Hände schlank und fein gewesen und hätte er über eine elegante, zierliche Schere verfügt - - - wie grob und klotzig und langweilig wären seine Werke geworden - oder sie wären nie entstanden.

Mit der Kenntnis des Gartens, seiner Stimmungen und Besonderheiten ist auch meine Kenntnis des persönlichen Schicksals seiner Gärtnerin gewachsen.
Gärten, die so hingebungsvoll von ihren Besitzern gepflegt werden, werden zu deren Spiegelbildern. Darum sind persönlich angelegte Gärten so interessant und die von einem Berufsgärtner gestalteten so einförmig.
Ich kenne eine Frau, die sagte: "ich will jetzt nichts mehr mit Gartenarbeit zu tun haben", sprachs und bedeckte den Boden dicht mit Kieselsteinen, deren Aufgabe es war, nichts mehr wachsen zu lassen. Ein sehr persönlicher Entschluss!

Der Garten meiner Freundin enthält viele Nischen, Winkel, Ecken, kurz das, was man Elemente nennt. Sie alle tragen zu mehr Reichtum und grösserer Lebendigkeit bei. Ein solches Gefüge ist nie "pflegeleicht", ein Schlagwort unserer gehetzten Zeit. Alles muss pflegeleicht sein. Aber wie könnte etwas so Schönes pflegeleicht sein?
Da fällt mir immer meine Mutter ein, die der Schönheit frönte und fronte!
Wenn sie wieder einmal zu meinem Leidwesen eine sündenteure Bluse für mich gekauft hatte, und ich verzweifelt einwendete: "aber man kann sie ja nicht einmal waschen", antwortete sie unwirsch: "wenn du immer mit so praktischen Dingen kommst, wirst du nie etwas Schönes haben."
Unsere Gartenrundgänge spielen sich immer nach gleichem Ritual ab.

Wir beginnen beim Sitzplatz vor dem Haus, zu dem wir nach eingehenden Betrachtungen wieder zurückkehren, um auf der Gartenbank auszuruhen.
Eine echte Gärtnerin darf man nicht "schnell im Vorbeigehen" besuchen wollen. In der berühmten Geschichte "Pu, der Bär" von Arthur Milnes, sagt IA, der Esel, zu seinen fröhlichen Freunden vorwurfsvoll und mit hängenden Ohren "ah, ihr seid z u f ä l l i g vorbeigekommen." Das ist beleidigend. Gärtner wissen das und richten sich ein. Eine Stunde für einen kleinen Rundgang ist das mindeste. Meine Schwester, die mit feinem Gefühl zwischen den Geschäftigen, Neugierigen und den wahren Gartenfreunden unterschied, sagte mit grober Offenheit zu Besuchern: "wenn sie keine Zeit haben, brauchen sie nicht zu kommen." Kurzfassungen gab es bei ihr nicht.
Im Laufe der Jahre lernte ich den Garten in der Abfolge der Jahreszeiten kennen. Die Vielfalt eines solchen Gartens kann man nicht beschreiben: dieses Gewebe aus Farben, Formen und Zeit. Ich kann nur ein paar Eindrücke geben.
Im Frühling beherrschen die Schneeglöckli (Galanthus nivalis) den Garten. Am reizvollsten sind sie da, wo sie sich vor einem etwas verborgenen Gartentor versammelt haben. Die krummen, grünbemoosten Latten des Tores geben der Versammlung ihre Poesie und der Phantasie Nahrung. Was alles spielt sich hinter Toren, Türen, Mauern und Zäunen ab?
Christrosen begleiten die Schneeglöckli. Sie haben sich zu grossen Horsten entwickelt.
Die Blüten spielen in dunkelroten und weissen Tönen. Im März wimmelt es von Primeli, die sich überall hingesetzt haben. Später strömen Osterglocken wie Bäche den Hang hinunter.

Da frage ich jedes Mal mit Uhland: "Was noch kommen mag?" Es kommen noch Kaiserkronen! Diese aparten, aber delikaten Kinder aus dem Himalaya, über die Eichendorff gedichtet hat:
"Kaiserkron und Päonien rot,
Die müssen verzaubert sein . . . .
Vater und Mutter sind lange tot,

Was blühen sie hier so allein?"
Die Iris wuchern unter den Fenstern des Hauses, in einem eigens für sie angelegten Beet zusammengefasst. Etwas sehr ordentlich, aber eine Schweizer Hausfrau steckt in uns allen. Ende Juni blühen die Madonnenlilien, diese Wunder des Duftes. Ich selbst musste in meinem Garten diese Innig-Geliebten aufgeben, weil die Schnecken sie noch inniger lieben. Aber meine alte Gärtnerin gibt nicht auf, im Garten nicht und im Leben nicht.

Jeder Gärtner hat seine Lieblingsblumen. Eigentlich sind das die jeweils gerade Blühenden. Meine Gartenfreundin sagt, ihre Lieblinge seien die Sonnenröschen. Auf dem Kiesplatz westlich vom Haus dürfen sie sich versamen, sie missbrauchen diese Erlaubnis wacker. Sie sind überall, man kann nicht umhin auf sie zu treten.

Im Hochsommer blüht der Lavendel vor dem Haus und der Phlox im Staudenbeet, letzterer ein ständiges Sorgenkind. Wie ein Ärztekonsilium besprechen wir die Nematoden und allfällige Therapien, nur, dass wir die Pflanzen mehr respektieren als manche Ärzte ihre Patienten - - - und sie ernst nehmen.

Wenn ich mit der Gärtnerin durch den Garten gehe, geschieht es öfters, dass sie vor einer nicht willkommenen Pflanze stehen bleibt und deren Wuchern und Rücksichtslosigkeit beklagt. Ich schlage vor, die sich so ungehemmt Vermehrenden auszureissen.
Darauf erwidert die Gärtnerin etwas geniert:
"Aber sie ist doch auch schön!"
oder sie sagt still vor sich hin: "Ich hab sie auch gern."
Damit ist das schlimmste Schicksal von der Gänsekresse, dem Baumtropf, dem Nelkenwurz, dem Scharbockskraut, dem Hexenkraut und wie sie alle heissen abgewendet. Reduzieren ja, ausrotten nein - - - es wäre ja auch gar nicht möglich.

Das sind so die Nuancen einer Gärtnerseele, die mit den Jahren toleranter wird, Menschen und Unkräutern gegenüber.

Meine Gartenfreundin verwendet kein Gift in ihrem Garten, dazu ist sie viel zu naturverbunden. Sie versucht alle in Bioheftli empfohlenen Hausmittelchen, von Brennessel-Jauche bis zu mit Bier gefüllte Tellerchen als Schneckenfallen. In Gefahrenzeiten, wenn die Schnecken gefrässig sind und die jungen Triebe noch zart und vielversprechend, umstellt sie die Pflanzen mit Grapefruit-Schalen. Unter ihnen sammeln sich die Schnecken gerne und können so abgelesen werden. Besonders im Frühling staune ich immer über den Grapefruit-Konsum meiner Gärtnerin.
Zwei Gartenfreunde, die mich, d.h. meinen Garten, öfters besuchen, schreiben die "Aura" eines Gartens seiner giftfreien Pflege zu.

Auf dem Sitzplatz und um den Sitzplatz herum stehen die Topfpflanzen und die Schalen mit den aus Samen gezogenen Setzlingen. Eine gute Gärtnerin zieht ihre Pflanzen meist selbst und verlässt sich nicht auf Gärtnereien.

Girardet kauft seine Pizzas ja auch nicht bei der Migros oder bei Mac Donalds.

Topfpflanzen brauchen viel Pflege. Hat man Topfpflanzen, kann man eigentlich nicht mehr in die Ferien verreisen, schon gar nicht im August, wenn die Königin der Nacht sich zum Blühen entschlossen hat.

Der Topfgarten meiner Gärtnerin enthält alte Agapanthusstöcke, Geranien und sehr alte, knorrige Fuchsien. Und immer steht irgendwo - in Reichweite - eine Schale mit Sämlingen. Der Tag an dem ein Gärtner keine Samen von ihm unbekannten Blumen mehr in die Erde versenkt, ist kein guter Tag. Der Tag an dem gesät und gepflanzt wird, ist ein glücklicher Tag. Und ein stolzer und zufriedener Tag, an dem man Setzlinge mit anderen Gärtnern ausgetauscht hat und nun der Dinge - sprich Wunder - die da kommen sollen harrt. Meine Gartenfreundin ist 85 aber sie hat noch nie gesagt, dass sie mit der aufwendigen Arbeit des Säens, Pikierens, Giessens und Versetzens aufhören will.

Am Ende des Rundganges setzen wir uns auf die Gartenbank vors Haus. Da unsere Gänge meist gegen Abend stattfinden, sitzen wir im Licht der untergehenden Sonne.

Jetzt erzählt mir die Gärtnerin aus ihrem Leben.
Sie hat viel erlebt. Ich blicke auf die Blumen ihres Gartens und denke: "Aus jedem Kummer ist ihr eine Blüte erwachsen." Da minch dolor ans creche una flor - ein Spruch an einem Engadiner Haus. Im Alter beginnt man die Zusammenhänge zu ahnen, die Vernetzungen, die Verstrickungen und dieses nie zu erfassende Gefüge: das Leben.

Gärtner sind in ihrem Garten in ständiger Zwiesprache mit Gott und seiner Schöpfung. Sie meditieren. Ihnen geht es manchmal wie dem berühmten chinesischen Weisen, der nach langem Meditieren vor einer Seerose nicht mehr wusste, ob er träumt er sei eine Seerose oder ob die Seerose träumt, sie sei der Gärtner.

Am Sonntag arbeitet meine Gartenfreundin nie im Garten. Sie feiert. Dann trägt sie kleingeblümte Blusen als wolle sie kundtun: hommage à mes fleurs.
Manchmal entdecke ich sie, wie sie nachmittags in ihrem nach Westen orientierten Erker sitzt und liest. Still und konzentriert, so wie sie jätet, liest sie. Im Garten ist sie umgeben von Blumen, im Haus von Büchern, zu denen so selten gewordene Juwelen zählen wie Kügelgens "Lebenserinnerungen des Alten Mannes", Carl Spitteler, die Ebner-Eschenbach, Stifter und Lyrik vorwiegend des neunzehnten Jahrhunderts. Sie hat viele Geschichten, Erzählungen und Gedichte präsent und lässt mich an ihren Schätzen teilnehmen. Ich liebe es ihr zuzuhören.

Das Kabinett
Es steht über der Strasse, die früher ein Fussweg war. Von hier ging der Blick über Land, über Obstwiesen auf die Juraberge. Heute ist das Kabinett von Neubauten eingekreist.
Die duftigen Berge sind nur noch eine Sehnsucht.

Das Kabinett ist von Efeu bewachsen. Auf der Spitze seines polygonalen Ziegeldaches ist eine Art Wetterfahne angebracht in Form eines gefiederten Blattes in einem Kreis. Im Inneren stehen noch die alten, dunkelgrün gestrichenen Bänke und Stühle. Ringsum auf den Simsen blühen im Sommer hochrote Geranien.

Hier sassen schon - vor wie viel Jahren? 70? 80? - meine Eltern mit Karl Albrecht Bernoulli, dem Erbauer des Hauses, mit seiner Tochter Eva Bernoulli und blickten auf die blauen Berge. Dann gab Carl Albrecht Bernoulli mit seiner sehr tiefen Bassstimme Arien aus Opern zum besten, zur grossen Erheiterung meiner jungen Mutter und ihrer etwas hinterhältigen Schwester, die hinter vorgehaltener Hand kicherten, zur Pein meines Vaters.

Hierher lädt die Gartenfreundin, wenn ihr Sohn aus Australien zu Besuch weilt, ein paar Nachbarn und Freunde zu einem Frühstück ein. Das kleine Fest findet meist im Juli statt, wenn die Sonne hoch steht, der Sommer den Atem anhält und die Gärten ringsum grün funkeln. Früher, als noch ein Bauer auf Schloss Birseck wirtschaftete und Pfauen hielt, drangen ihre rauhen Schreie bis zu uns, was dem Anlass zusätzlichen Glanz verlieh, nicht gerade musikalischen aber märchenhaften, Geschichten heraufbeschwörenden.

Der Tisch ist gedeckt mit einem Tischtuch aus alten Zeiten, mit Grossmutters Silber und, Gerätschaften. Natürlich hat es Blumen auf dem Tisch und natürlich werden selbstgebackene Züpfen und eigene Konfitüren serviert. Man kann nicht "Hero Light" in Grossmutters Kristall anbieten.
Die Gespräche drehen sich um Garten und Dorf. Beobachtungen werden ausgetauscht. wo die Fledermäuse ihre Kinderstuben haben, nach welchem Rezept Annemarie B. ihre berühmten Engadiner Nusstorten bäckt, was für Raupen und Schmetterlinge gefunden wurden, wo der Fuchs sein Unwesen treibt? Dazu macht die gunnige Kaffeekanne die Runde und - ein Zugeständnis an moderne Zeiten - Melonen und Schinken.

Das Frühstück dauert ein bis zwei Stunden, anschliessend wird der Garten besichtigt, für meine Gartenfreundin sicher der Höhepunkt der Einladung. Es blühen die Taglilien und wenn wir Glück haben zirpt eine Grille im Gras.

Für drei Stunden sind wir abgetaucht zum Wesentlichen des Lebens - dank meiner Gartenfreundin.

Unentwegt.
Am späten Nachmittag, wenn ich einen Brief zum Briefkasten bringe, werfe ich einen Blick in den Garten meiner Gartenfreundin, an dem mich mein Weg vorbeiführt. Ich entdecke sie, wie sie jetzt in hohem Alter auf einem kleinen Kissen im Blumenbeet kniet und Ordnung macht, sie jätet, hackt, bindet auf, still und versunken in ihre Arbeit. Sie sieht mich nicht und hört mich nicht, bis ich bei ihr stehe und mich räuspere. Dann richtet sie sich mühsam auf und freut sich über meinen Besuch. Vielleicht freut sie sich auch über eine Pause, obwohl sie sich nie über schwindende Beweglichkeit noch über Gebresten irgendwelcher Art beklagen würde, dazu bleibt keine Zeit, wir müssen ja die Gesundheitsprobleme ihrer  P f l a n z e n  besprechen.

Nach jedem Besuch verabschiede ich mich mit den Worten: "Bleiben sie hier, ich finde meinen Weg alleine."
"Nein, nein, ich begleite sie."

Welcher Gärtner würde seinen Besuch nicht bis zur Gartentüre begleiten! Welcher Gärtner würde es sich entgehen lassen nochmals seine Pflanzen - in kongenialer Begleitung - abzuschreiten? Hier ein kleiner Halt, dort ein Aufbinden, ein Blatt entfernen, ein Blick, ein Duft, eine Farbe . . Sie begleitet mich den Hang hinunter.

Die Türe schliesst hinter mir.
Ich blicke nochmals zurück. Die Gärtnerin geht sehr langsam den Hang hinauf zum Haus. sie bückt sich, bleibt stehen, ruht aus, bewundert, vielleicht denkt sie an ein Eichendorff Gedicht

"Mein Gott dir sag ich Dank,
. . . . . . . . . . . . . . . . . .
". . . . . da nun herein die Nacht
dunkelt in ernster Pracht."

Allmählich verliert sich die rote Jacke zwischen den Pflanzen.

Seit ich diese Notizen niederschrieb sind fünf Jahre vergangen. Im Oktober wird meine Gartenfreundin 90 Jahre alt, aber in den vergangenen fünf Jahren hat sich in ihrem Leben nicht viel verändert. Sie ist etwas gebeugter und unsicherer geworden und geht manchmal am Stock, Pflanzennamen entfallen ihr, aber ihre Freude an den Blumen ist unvermindert. Im Garten hat sie einige Anpassungen an ihr hohes Alter vorgenommen: an der Treppe hat sie einen Handlauf angebracht und im Blumenbeet ein Weglein angelegt, um besser jäten zu können.

Am 7. Juli 2001 hat sie zum letzten mal ihre Freunde und Nachbarn zum Frühstück eingeladen. Nach langer Hitze und Trockenheit hat es an dem Morgen geregnet, alle kamen unterm Regenschirm und freuten sich, beim ersehnten Regen unter dem alten Dach des Kabinetts zu sitzen am reichlich gedeckten Tisch und dem Regenrauschen zuzuhören.

Ein Vogel sang "Tirili", laut und namenlos, keiner kannte ihn. Die Gäste hatten sich festlich angezogen, alle sagten: "Das ist ein Fest" und genossen die Züpfe und den Münsterkäse, der unter einer Kristallglocke mit silbernem Griff als Kuh, angeboten wurde. Das rosa karrierte Tischtuch mit der rosa Borte war wie immer auch mit dabei. Die Gärtnerin trug eine geblümte Bluse und freute sich offensichtlich ihrer Gäste. Als ich mich verabschiedete sagte sie: "Ich kann nicht mehr viel machen, ich bin zu müde" und fügte nach einer kleinen Pause schnell hinzu "nicht immer".
"Ich kann noch gut lesen, das ist meine grosse Freude, eben habe ich "Krieg und Frieden" beendet, es ist grossartig. Was würden wir auch ohne Bücher machen?"

Unter unseren Schirmen schritten wir nach Hause, beglückt von diesen Morgenstunden. Ja, was würden wir ohne die Bücher machen und - ohne die Blumen?

Diese Gärtnerin durfte zu Hause sterben, sie wurde über 90 Jahre alt.

## Zweites Zwischenstück
# Die Bienenvilla

Nicht der Abstand bestimmt die Entfernung, in der Enge unseres heimatlichen Gartens kann es mehr Verborgenes geben als hinter der Chinesischen Mauer. A. de St. Exupéry.

Für die Menschen, die jetzt im Alter, Zeit und Musse und Freude haben zu beobachten und die am Geschehen auf dem Fenstersims, im Garten, im Gärtchen oder auf dem Balkon teilnehmen wollen, gibt es die "Wildbienenvilla". Den Bienen schenkt der Mensch sein Wohlwollen. Sie befruchten seine Obstbäume, machen Honig und sind fleissig! Das gefällt! Eine Ameisen- oder Blattlausvilla wäre etwas problematischer!

Aber eine Wildbienenvilla ist kein richtiger Bienenstock oder -Korb für Honigbienen sondern für Wildbienen. Von ihnen gibt es bei uns an die fünfhundert verschiedene Arten, wie Herr Dr. Töpfl, der Wildbienenspezialist, der sein Leben nach der Pension diesen Tieren gewidmet hat, sagt. Die Wildbienen sind auch fleissig, aber sie leben anders und machen keinen Honig, den wir ihnen wegnehmen könnten.
Eine "Wildbienenvilla" ist ein kleines Holzkästchen nicht viel grösser als ein Vogelnistkasten, mit Vorzug aufgestellt an der Süd- oder Südostseite einer Haus- oder anderen Wand, vor Regen möglichst geschützt, in Augenhöhe, empfohlen vom WWF und dort oder anderen Insektenliebhabern oder Vereinen zu beziehen.
Dies ist eine einfache Konstruktion: eine paar durchlöcherte Holzstücke, eingefügt in einen hausähnlichen Rahmen mit einem Giebel, von dem der Regen ablaufen kann. Das Ganze sieht wie ein hübsches kleines Haus aus für die vielen Wildbienen, die es bei uns gibt. Mein Bienenhaus ist 30 auf 50cm gross, zwischen den Holzstücken sind

viele kleine Schilfhalme und andere hohle Stengelgebilde eingefügt, Öffnung nach vorne sonnenwärts, welche die Insekten als Nistzellen gerne annehmen und selber ausbauen und dann mit Erdkrümelchen verschliessen.

Niemand braucht Angst zu haben, niemand wird von den Bewohnern, die hier einziehen, belästigt oder gar gestochen. Das zu glauben wäre eine Überschätzung der eigenen Wichtigkeit, die Insekten haben gar keine Zeit den Menschen in ihrer Umgebung zu beachten!
Sie haben Besseres, das heisst Interessanteres zu tun.

Was aber tun sie?

Das nun kann der ältere Mensch, der Geduld hat, hier beobachten. Eine Welt wird sich ihm erschliessen, für die er, im Berufsleben stehend, keine Zeit hatte, eine Welt des Staunens, des Wunders, eine faszinierende Welt! Eine Welt des summenden Lebens, fernab der lärmenden Autobahnen, der Technik, des Konsums, der Carreisen, der hektischen Mobilität und - - - der Langeweile. Hier kann jeder die Welt beobachten, so wie sie vom Schöpfergedanken her sein muss, einfach, grossartig, vielfältig, aber auch grausam, hart und unerbittlich.

Am Anfang der Insekten-Verhaltensforschung steht Jean Henri Fabre (1823 bis 1915)
Er lebte in Serignan, Südfrankeich, sein bescheidenes und doch so reiches, aufregendes Leben inmitten seiner Insekten. Auf dem Dorfplatz von Serignan hat ihm die Welt, die ihn zu Lebzeiten wenig anerkannte, ein Denkmal errichtet. Da sitzt er heute, unbeirrt, inmitten der

Touristen und ihrer Autos, die Lupe in der Hand und den Schlapphut auf dem Kopf, den wenigen Utensilien, die er zu seiner Forschung brauchte! Er verfügte über kein blitzblankes Labor, weder über raffinierte Technik noch Geld, noch Sponsoren, noch Computer, dafür über eine wunderbare Beobachtungsgabe, Fantasie und ein nie nachlassendes Interesse an seinen kleinen Freunden, den Wespen, den Skorpionen, den Bienen, den Raupen, den Mistkäfern, den Leuchtkäferchen!
Letztere mögen alle, die dieses lesen, erleuchten.
J.H. Fabre hat im Alter seine Kindheit beschrieben. In der Dorfschule, in der Hühner und Schweine ein- und ausgingen, hat er damals wenig gelernt. Schreiben und Lesen brachte sich das Kind selber bei. Fabre schreibt indes, er hätte keinen besseren Lehrmeister haben können, er habe seine Schüler das Wertvollste, das Beobachten in der Natur, gelehrt.

Ich hatte das Glück einen Vater zu haben, der uns Kindern damals schon J.H. Fabre und seine Arbeiten nahe brachte. Ein Glück, das mich bis ins Alter von heute 79 Jahren begleitet hat. Was man in seiner Jugend mitbekommt, das ist im Alter ein Schatz. Aber das "Sesam öffne dich" ist jedem gegeben, auch dem, der in einer Grossstadt aufgewachsen ist und nur gelernt hat, dass man Mücken totschlägt.
Man kann immer dazu lernen.

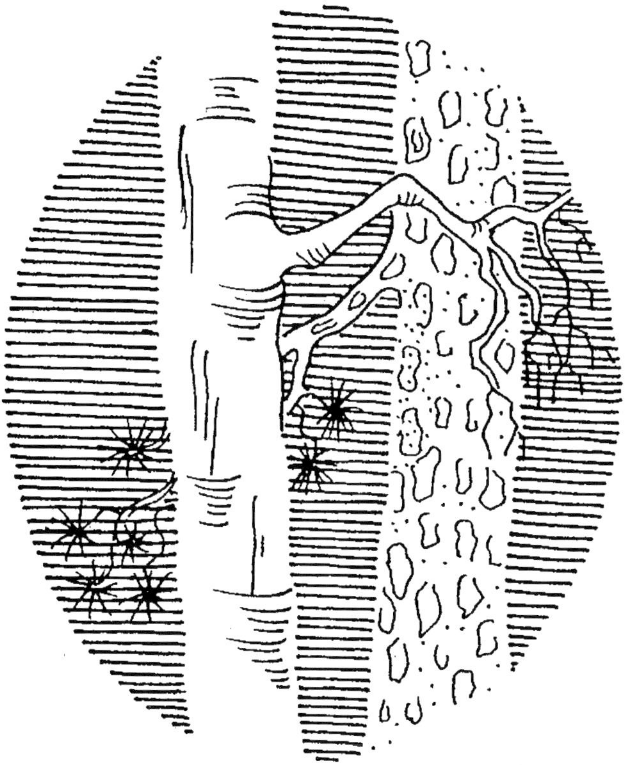

# Onkel Teddy

"Ihr könnt Onkel Teddy zu mir sagen", stellte er sich meinen drei kleinen Grosskindern vor. Seither, und da dieser Name mit Schokolädli verbunden war, nimmt Onkel Teddy eine bevorzugte Stellung ein.
Onkel Teddy besitzt ausser den Schokolädli noch eine Bratsche, einen Computer, eine Familie und einen grossen Garten.
Von diesem will ich erzählen.

"Wo ein Begeisterter steht, da ist der Gipfel der Welt" (Eichendorff).
Der Gipfel der Welt ist Onkel Teddys Garten.

Mit seinen 80 Jahren ist Onkel Teddy der unermüdlichste Gärtner, den ich kenne. Er stürzt sich bei Sonnenaufgang in seinen Garten und zieht sich in der Abenddämmerung daraus zurück. Er denkt nicht ans Loslassen oder Reduzieren. Darum ist sein Garten auch kein eigentlicher Altersgarten, eher ein Garten, den ein Hobbygärtner mit jugendlichem Elan in hohem Alter noch pflegt. Um einen Eindruck zu geben von Onkel Teddys Arbeit will ich seinen Garten in seinen wesentlichen Zügen beschreiben, all denen, die ihren Garten aufgeben wollen, zum Überdenken! Hilfen hat Onkel Teddy wie alle passionierten Gartenbesitzer wenig, sie würden nur stören und alles falsch machen!

Wenn ich Onkel Teddy, besuchen will, suche ich ihn zuerst in dem kleinen, dem Landhaus vorgelagerten Gewächshaus. Ist er nicht im Gelände beschäftigt, dann hier. Denn beschäftigt und tätig ist Onkel Teddy immer, ich kann ihn mir nicht im Liegstuhl ein Buch lesend oder an seinem Weiherlein meditierend vorstellen! Das Gewächshaus

ist nebst einer umfassenden, imposanten Kompostanlage das Herzstück des Gartens. Hier mischt, wägt, untersucht, befeuchtet, misst, bedenkt, zerkleinert, siebt, zerreibt, ja, kreiert er seine Erden. Zur warmen Jahreszeit hat er das Hemd ausgezogen und den Hosenbund gelockert, denn Einengung kann Onkel Teddy hier nicht gebrauchen, das Geschäft des "Erdekreierens" fordert volle Aufmerksamkeit. Er war Chemiker von Beruf, seine Erden sind ihm chemische Grundstoffe für seine Pflanzen. Ich glaube er hält nicht viel von Intuition, Grünen Daumen oder "Einfühlung" in die Seele der Blumen!
Das Resultat, seine üppig-strotzenden, meist gigantischen Pflanzen preisen den Chemiker!

Meine Gartenfreundinnen und ich, wir legen auch Wert auf Erden, aber wir tun das nach unserer Art, locker und über den grünen Daumen gepeilt und nicht mit dieser männlichen Konsequenz.
Unser Garten ist unser Atelier.
Onkel Teddys Garten ist sein Labor.

Onkel Teddy ist also im Gewächshaus, wo er, vorzüglich bei Regenwetter, nebst dem Erdekreieren immer etwas zu säen oder zu pikieren hat.
Hier, im Gewächshaus, beginnt der Garten.
Der Steingarten, der Gemüsegarten, die Rosenrabatten und die Buchshecken.

*Diese Buchshecken* fallen sofort auf, sie sind niedrig und adrett frisiert, sie sind eine Eigenheit seines Gartens, weil sie alles und jedes einfassen, jedes Beet, jeden Baum, jeden Weg, jede Rose, Alle die Buchspflänzlein hat Onkel Teddy selbst aus Stecklingen gezogen. Alle. Viele Hunderte, wenn nicht Tausende, denn der Garten ist gross und beherbergt vieles, viele Rosenstöcke, viele Bäume und Sträucher, alle mit Buchs hübsch umrahmt und ihnen Wert gebend, sozusagen wertsteigernd. Buchshecken zeichnen eigentlich einen formalen Garten aus, zum Beispiel geometrisch angelegte Barockgärten, die sich bis in die heutige Zeit hinein in den Emmentaler Bauerngärten lebendig erhalten haben. Der hübscheste dieser Art ist ein Gemüsegarten vor einem alten Bauernhaus in Lützelflüh neben Jeremias Gotthelfs Pfarrhaus. Ich lasse keine Gelegenheit aus, ihn zu sehen.

Nun ist aber Onkel Teddys Garten alles andere als ein geometrisch angelegter Garten, aber die vielen Buchshecklein, die überall einfassen und formen, geben dem Gelände einen eigenen Reiz. Keiner wird sich der Stimmung dieses Gartens entziehen können, zum Beispiel an einem Sommerabend, wenn das schräge Licht weiche Schatten zeichnet und die Formen betont.

Onkel Teddy hat in seinem Garten noch andere Eigenheiten, auf die man bald einmal aufmerksam gemacht wird, denn sie sind der Stolz des Gärtners.
Da ist die *Passionsblume*, die die Südwand des Hauses bedeckt und Onkel Teddy zu Begeisterungsstürmen hinreisst. So blühwillig, so stark, so gross und mächtig . . . . . "Ist das nicht einmalig?"

Einen weiteren Sturm der Begeisterung löst der *Komposthaufen* aus. Ein an sich schon bemerkenswertes Gebilde oder besser Gebäude ist er noch viel bemerkenswerter und einmaliger durch die *Kürbisse*, die auf ihm ihr wucherndes Unwesen treiben. Quadratmeterweise versinkt der Komposthaufen unter ihnen. Sie sind der zweite Stolz von Onkel Teddy: So grosse und so mächtige Kürbisse hat keiner mehr!

Onkel Teddy hat an einem Kürbiswettbewerb anlässlich eines Dorfmarktes teilgenommen und natürlich den ersten Preis gewonnen.

Unvorsichtigerweise bemerkte ich einmal, meine Freundin Gerda habe ähnliche Kürbisexemplare vorzuweisen. Onkel Teddy stutzte für einen Moment und sagte: "Die muss ich sehen. Wie kann ich die Frau kennen lernen?" Ich bot meine Vermittlung an, aber dann zögerte ich, zwei kürbisbegeisterte Kürbisbesitzer mit Riesenkürbissen auf dem Kompost miteinander bekannt zu machen, das kann nicht gut kommen.
Ich war einmal bei Onkel Teddy und seiner liebenswürdigen Frau zum Essen eingeladen.
Es gab natürlich Kürbissupppe.

Ich komme zur dritten Eigenheit nach Buchs und Kürbis: Zum *Nüsslisalat*!

Die Art und Weise, wie Onkel Teddy seinen Nüsslisalat zieht, ist erstaunlich, für Onkel Teddy scheint sie eine Selbstverständlichkeit zu sein. Zuerst sät er den Nüsslisalat im Gewächshaus in eine seiner sorgfältig präparierten Erden. Die kleinen Pflänzlein pikiert Onkel Teddy dann ins Freie, eins ums andere, in Reih und Glied! Das Endprodukt sind Rosetten so gross wie Salatköpfe. Ich kenne niemanden, der den Nüsslisalat pikiert. Aber auch niemanden, der mit so viel Freude und Stolz Nüsslisalat-Köpfe erntet. Und keine Ehefrau, die mit soviel Verständnis die Produkte ihres Mannes verarbeitet.
Dieses pikieren und anziehen in Reih und Glied von Nüsslisalat und Buchs führe ich auf eine ungelebte Militärkarriere, natürlich als General, zurück.
Die Pflänzlein sind Onkel Teddys Soldaten - wehe, wenn eines aus der Reihe tanzt! Wie ein General über seine Armee, wacht und herrscht Onkel Teddy über seine Heerscharen. Jedenfalls kenne ich keine Gärt-

nerin, die solche Bedürfnisse im Garten auslebt, allerdings ist mir ausser Penthesilea auch keine Armeeführer*in* bekannt geworden.
Besonders hübsch hat O.T. seinen Zugang zum Haus gestaltet: zwei Beete, in denen es jahrein - jahraus blüht, fassen den Weg zur Haustür ein. Frühlingsblumen beginnen das Jahr, sie werden abgelöst von Sommerblumen, sehr schön die Ballonblumen mit ihrem leuchtenden Blau. Daneben steht ein *Feigenbaum*.

Es gibt ja heute in jedem Garten, der auf sich hält und über ein sonniges Winkelchen verfügt einen Feigenbaum, seien die Früchte noch so schlecht und unausgereift. Aber O.T.s Feigenbaum ist ein besonderer Feigenbaum, fast so, als hätte O.T. ihn direkt aus dem Paradies bezogen.
Er trägt so grosse und so viele Früchte wie kein anderer, hauptsächlich viel!
O.T. konnte zwar nie eine Blüte entdecken und kannte das Geheimnis der Feigenblüte nicht. Er war erstaunt zu erfahren, dass die Blüte sich in der Frucht versteckt, aber seine Begeisterung für das Bäumchen erfuhr durch diese Kenntnis keine Steigerung.

Das ist das schöne an diesem Gärtner, nicht die *Kenntnisse*, zum Beispiel von Pflanzennamen oder Gartenbüchern machen ihn aus, sondern die *Begeisterung*.

Onkel Teddy gehört auch nicht zu den Gärtnern, die sich in anderen Gärten umsehen. Er ist am liebsten in *seinem Garten*.
Einmal konnte ich ihn überreden sich meine - wirklich hübsch - blü-

hende Wiese anzuschauen, um ihm die Schönheit auch unserer wilden Blumen ans Herz zu legen, ein fehlgeleiteter Missionstrieb!
Ich rief ihn um 09.00 Uhr morgens an, um 09.05 Uhr stand O.T. an der Gartentür. Es war ein strahlender Junitag. Er betrachtete sich das "Chaos" und da er ein höflicher Mensch ist, lobte er die Wiese. Um 9.15 Uhr überkam ihn die Unruhe: Er müsse noch so viel in seinem Garten wirken und werken. Es hielt ihn nicht länger.
Das erinnert mich an meinen Besuch in der Stadtgärtnerei in Brüglingen. Herr Dipner, damals der Chefgärtner, zeigte mir alle seine Schätze, ja, er beschenkte mich mit einer Datura, eine Pflanze, die ich sehr bewundere. Nach soviel Freundlichkeit fragte ich den Gärtner, ob er mich auch einmal in *meinem* Garten besuche? Völlig entsetzt schaute er mich an.
"Nein, nein, ich, ich . . . . . . habe noch so viel zu tun."
Eine klare Antwort.
Er hatte Recht.
Ein echter Gärtner treibt sich nicht in anderen Gärten herum. Er ist voll mit seinem eigenen beschäftigt und eigene Visionen zu verwirklichen.

In O.T.s Garten hat es auch noch einen Weiher mit *quackenden* Fröschen. O.T. ist stolz auf seine Frösche, er überlässt ihnen sogar einen kleinen, wilden Uferbereich. Aber womit der Weiher wirklich auftrumpfen kann, das ist der seltene Besuch des Eisvogels, der von der Birs herkommend hier auf seinem Flug in die Ermitage rastet. Der Vogel missbraucht sein Gastrecht, dass er Goldfische fischen darf, nicht, wenn er jedoch selten einmal auftaucht bricht Aufregung aus.

Herr Dr. St. ein Eisvogelliebhaber, wird alarmiert. Der Vogel ist dann bis zu dessen Ankunft schon längst auf und davon.

Das ist nun eine Funktion - *Eisvogelraststätte* - um die ich O.T.s Garten beneide. Bei mir finden sich nur Schermäuse und Marder ein und noch fünf Leuchtkäferchen. Mit Letzteren trumpfe dann ich auf!

Ich liebe O.T.s Garten. In ihm drückt sich soviel geballte Energie aus, soviel alle Müdigkeit und Beschwerden überwindende Kraft, die mir für meinen eigenen Altersgarten Mut macht.

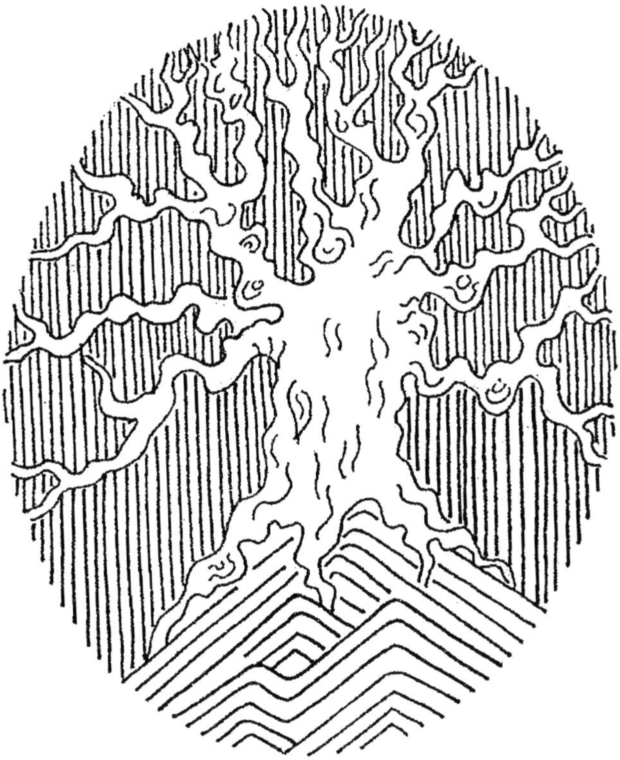

# Drittes Zwischenstück
# Krimis im Altersgarten

Zum Sehen geboren,
Zum Schauen bestellt
Dem *Garten* geschworen
Gefällt mir die Welt.

                    (frei nach Goethe! Es heisst:
                    Dem *Turme* geschworen!)

Warum der Mensch diese Neigung zu Krimis hat?
Darauf einzugehen sei den Psychologen überlassen.
In jüngeren Jahren erlebt man die Krimis im Alltag, was sich schon in der Sprache ausdrückt: Im Erwerbsleben geht man über Leichen, man macht den Anderen fertig, man bekommt etwas in den Griff, man erledigt und man kämpft und bodigt - heute mehr denn je!
Im Alter verlegt man das Krimi-Erlebnis vor den Fernseher, es wird ein virtuelles. Da sieht man sich den "Derik" an, den "Alten" und nimmt an dem "Fall für Zwei" teil. Und das noch mit Genuss!

Eine Alternative zu den Krimis am Fernseher bietet ein Garten!

Im Garten spielen sich für den Beobachter, der, jetzt im Alter über Musse und Zeit verfügt, die unglaublichsten, spannendsten Dinge ab. Hier lebt eine kleine Welt, welche die grosse Welt der Menschen widerspiegelt. Wir sind geneigt - auch dazu erzogen worden - den Garten als Oase des Schönen, des Lieblichen und als eine Idylle zu betrachten. Schaut man näher hin und schärft sich der Blick, ist da viel Härte Streit und Kampf und jede Menge Leichen.
Aber auch viel Schönheit, Lebensfreude und Glanz.

Voraussetzung für unser Erlebnis ist ein giftfreier Garten.
Ich glaube, dass das keine Schwierigkeit ist, denn der alte Gärtner hat ja erfahren, dass Gift, die Insecticide und Herbicide und alle die anderen -cide, die Probleme nur momentan und vordergründig lösen können. Wir meinen, unsere Pflanzen vor ihren "Schädlingen" zu schützen und vernichten mit einem Druck auf die Spraydose die Läuse, so einfach und so bequem!
Aber wir töten mit den Läusen auch deren natürliche Feinde, unter anderen die Marienkäferchen und im nächsten Jahr wird die Läuseplage grösser sein und schon sind wir mittendrin im Teufelskreis. Auch eingeführte Fremdlinge, die auf biologische Art und Weise die Giftdose ersetzen sollen, sind problematisch. Angesiedelte fremde Marienkäferchen, die sogenannten 19-Punkte, sind wohl sehr gefrässig und räumen mit Blattläusen auf, aber sie verdrängen auch die einheimische Art und - unvorhergesehen - verderben mit ihren übel riechenden Ausscheidungen den Wein. Der alte Gärtner verfügt über zwei nicht hoch genug zu schätzende Güter: über Zeit und einen giftfreien Garten.

Ich rede hier nur von den Kleinen, den Insekten und Spinnen. Ähnliche Beobachtungen lassen sich auch an Vögeln, an Amphibien oder anderen Wildtieren machen.

Einen Sommer lang haben mich die Krabbenspinnen beschäftigt! Ich hatte in jenem Jahr viele wilde Möhren (Daucus carota) gezogen als Futterpflanze für die Raupen des Schwalbenschwanz-Schmetterlings und weil sie mit ihren filigranartigen weissen Dolden ein Schmuck in

jedem Garten sind. Oft sind Wildpflanzen im Staudenbeet schöner als die gezüchteten Gartenpflanzen, aber wir sehen die Wildblumen mit den Augen der Mode, sie sind nicht "in".
Dazu eine kleine Geschichte.
In einer Pension auf einer griechischen Insel, schwelgten meine Nichte Barbara, eine Biologin, und ich in Wildpflanzen. Jeden Tag stellten wir einen Wildblumenstrauss in unser Zimmer. Eines Tages hatte die Besitzerin der Pension unseren Strauss gegen ein paar unwillkommene Prachtsnelken ausgetauscht, in allerbester Absicht. Zur Rede gestellt sagte sie:
"Das sind jetzt *Blumen*, Ihr Strauss - das waren doch gar keine Blumen!"
Wir konnten sie überreden, dass wir zwei Sträusse im Zimmerhaben durften: einen Wildblumenstrauss und einen "richtigen" Strauss!

Zurück zur Krabbenspinne!
In jenem warmen, schönen Sommer nahmen die Krabbenspinnen, die ich vorher nicht beachtet hatte, überhand. Sie lebten vorzüglich auf den Blütendolden der wilden Möhren. Sie faszinierten mich nicht nur ihrer krabbenähnlichen Gestalt wegen sondern weil sie ihre Farbe dem Untergrund anpassen können, ähnlich wie ein Chamäleon. Krabbenspinnen sparen sich die Mühe mit dem Netze-spinnen und -ausbessern, sie gehen zu Fuss auf Jagd, und das an sehr geeignetem Ort, denn auf den blühenden Dolden der Möhre halten sich immer mehrere Insekten auf. Der Tisch war gedeckt. Die Nächte verbrachten die Spinnen unterhalb der Blüten, ich denke, weil sie da in Sicherheit vor Nachträubern, Tau oder Regen sind.

Es kamen aber nicht nur die Spinnen, es kam auch das Schwalbenschwanzweibchen und legte seine Eier einzeln an die Blätter der wilden Möhre. Aus diesen Eiern schlüpften bald einmal winzige kleine, schwarze Räupchen, die sich prächtig entwickelten zu stattlichen lindengrün - orange - schwarz- gemusterten Raupen, zu meiner täglichen Freude. Sie schienen sicher vor Vögeln, jedenfalls hat sie keine meiner zahmen Meisen, die meine Gänge durch den Garten begleiten, je entdeckt.

Als ich dachte: "jetzt sind die Raupen bald gross genug um sich zu verpuppen" da geschah das Unfassbare. Ich kam dazu, wie eine Krabbenspinne eine der Raupen aussaugte. Nie hätte ich gedacht, dass die kleine Spinne die grosse Raupe angreifen und verspeisen würde. Ich sah erschüttert dem Desaster zu. Von da an kontrollierte ich öfters und musste schlussendlich feststellen, dass die Spinne alle Raupen, etwa sechs Stück, bis auf eine einzige aufgefressen hatte.

Ich hatte den Eindruck, die Spinne habe abgewartet bis die Beute fett genug war und erst dann zugegriffen. Das braucht keine "Spinnerei" meinerseits zu sein, wenn man bedenkt, wie viel Wunderbares es in der Natur gibt, zum Beispiel dass es Spinnen gibt, die Jagd auf andere Spinnen machen indem sie an deren Netz zupfen, bis die Besitzerin neugierig hervorstürzt in der Meinung es sei eine Fliege, um dann mit einem Giftbiss getötet und verspiesen zu werden. Diese Spinnen wenden eine List an, wie weiland Odysseus. Eine Überlebensstrategie.

Und das alles in unseren Gärten!

Ich greife nicht mehr ein, ich beobachte. Jedes Tier, ob wir es als sympathisch oder als unsympathisch empfinden, geht nur seiner Bestimmung nach.

Der Mensch möchte immer nach seinen Vorstellungen eingreifen, "es in den Griff bekommen", den Schwächeren helfen, sie vor dem Unheil beschützen. Das "nur Zusehen", das "Schauen" muss gelernt werden, den "Machern" unter uns fällt das schwer.

Aber es kam der Tag, an dem es auch mir, allen guten Vorsätzen zum Trotz zu schwer fiel.

Das Schwalbenschwanz Weibchen hatte seine zweite Brut im Juli an eigens dafür gepflanzte Fenchelstauden gelegt. Ich besuchte die noch winzigen, schwarzen Räupchen bei jeder Gelegenheit und freute mich an ihnen. So kam ich dazu, wie eine Raubwespe, mit gelb-schwarzem Leib und wunderschönen orange-farbenen, langen Beinen, eben daran war, eines "meiner" Räupchen zu bearbeiten: sie machte ein elendes Paketchen aus ihm. Da ich nicht wie sonst Brille oder Lupe dabei hatte, sah ich es nicht genau, was die Räuberin vorhatte, ich sah nur ihr Glück: Nahrung für ihre Brut gefunden zu haben und mein Unglück: einen zukünftigen Schwalbenschwanzfalter zu verlieren. Ich stürzte ins Haus, aber als ich mit der Lupe zurückkam, war das Drama bereits zu Ende.

Sie wird eine Zeitlang genug an ihrer Beute haben, dachte ich. Aber wie soll das weitergehen? Nach zwanzig Minuten kam sie bereits wieder! Wieder packte sie ein Räupchen, bearbeitet es mit ihren Kauwerkzeugen, und trug es weg. Sie flog in Windeseile davon, denn es waren ja noch acht kleine Beutetiere zu holen!

Jetzt begann mein Dialemma. Eingreifen oder der Natur ihren Lauf lassen?

Ich sagte zu mir: "Du bist ja auch ein Teil der Natur, du hast eingegriffen, als du den Fenchel gepflanzt hast, jetzt kannst du dich den Folgen deines Tuns nicht entziehen".

Ich fand mein fadenscheiniges Argument sehr überzeugend und brachte die verbliebenen Räupchen in Sicherheit. Aber ich habe aus rein menschlicher Sicht gehandelt und nicht nach den Gesetzen der Natur. Wenn man seinen Garten der Natur übergeben will, muss man deren Gesetze beachten.

So mit sechzig verfiel ich auf Lavendel. Ich pflanzte viel Lavendel für die Insekten, und sie kamen auch, die Schmetterlinge, die Honigbienen, die Wildbienen nebst vielen anderen mir noch Unbekannten. Da war ein Summen und Brummen, ein Schillern und Surren, ein Flimmern und Flattern, ein Kommen und Gehen . . . . eine richtige Idylle, vor der ich bewundernd stand, bis - - - ja, bis sie kam, die grosse Hornisse!

Ein wehrhaftes und wie man mir eingeschärft hatte, ein gefährliches Tier. Sie flog über den Blüten, hin und her, in Kreisen. Die Kleinen, Honig Suchenden schien das nicht zu beunruhigen. Ich sah der Hornisse zu, was suchte sie hier? Plötzlich fiel sie wie eine gezielte Bombe auf eine Biene herab, packte sie, zerteilte sie in Windeseile, das heisst sie biss die Flügel, Beine und den Kopf, dieses unnötige Zubehör, ab und flog nach diesem Meuchelmord mit der Beute zielgerichtet in ihr Nest zurück.

Die Hornissen hatten in jenem Sommer ihr Nest in meinem Garten in einem verlassenen Starennistkasten gebaut. Der Kasten hing in einem Apfelbaum, ungefähr zehn Meter von meinem Sitzplatz entfernt. Es verging geraume Zeit, bis ich die neuen Bewohner überhaupt bemerkte. Auf dem Sitzplatz sass ich mit meinen Freunden und Besuchern an schönen Tagen manchmal täglich bei einer Tasse Tee. Wir sassen direkt unter der Einflug- und Abflugschneise der Hornissen. Keiner meiner Besucher hat sie je wahrgenommen. Und nie wäre eine Hornisse auf die Idee gekommen uns anzufallen oder zu belästigen. Ich weiss nicht einmal, ob sie uns gesehen hat, ob sie uns beobachtet hat? Einiges spricht dafür, ich weiss es nicht. Ich weiss nur, dass dieses imposante Tier völlig harmlos ist, vorausgesetzt man stört es nicht. Und wozu sollte man??? Auch ihre Stiche sind kaum gefährlicher oder schmerzhafter als ein Wespenstich.
Hornissen sind nicht, wie ihre Verwandten die Wespen, an Süssem interessiert, sie sind Fleischfresser.
Hier möchte ich eine Beobachtung meiner Nichte Christine einfügen, die den Insekten ihr Herz und Ihre Freizeit geschenkt hat. Diese Frau wird ein wunderbares Alter haben.
Gewisse Spinnen legen sich, bei gutem Nahrungsangebot, für magere Zeiten eine kleine Speisekammer an, wo sie die eingesponnene Beute aufhängen. Meine Nichte hat beobachtet, wie eine Hornisse einer Spinne ein solches Mumienpaket gestohlen hat! Die viel kleinere

Spinne konnte sich nicht zur Wehr setzen, zögerte und zog sich zurück. Räuber gibt es in unseren Gärten und nicht wenige.

Auch Wegelagerer. Das sind die Ameisenlöwen, die die vorbeihastenden Ameisen in ihren feinen Sandtrichtern, auf deren Grund sie unsichtbar sitzen und lauern und aus denen es kein Entrinnen gibt, fangen, oft indem sie sie mit Sand bewerfen und verwirren. Aus diesen, unserem Auge verborgenen Larven entwickeln sich im nächsten Jahr die Ameisenjungfern, Libellen - ähnliche Gebilde, deren zarte grün schillernde Flügel nichts von dem mörderischen Tun im Trichter verraten! Das Insekt braucht lediglich ein kleines, trockenes Stückchen Erde oder Sand.

Dann habe ich eines Tages die Wolfspinnen entdeckt. Genauer gesagt nicht die Tiere selbst aber ihre seltsamen Gespinste. So seltsam, dass ich mir nicht erklären konnte WER solche rätselhaften Gebilde verfertigt? Das waren schlaffe Röhren etwa 5 bis 10 cm lang, fingerdick, die ich unter dem Gewirr und im Schutz meiner Sonnenröschen entdeckte, sie sind unansehnlich und gut getarnt. Und sie setzten sich in die Erde hinein fort. Ich nahm eine der Röhren, packte sie sorgfältig ein und schickte die "Entdeckung" dem Naturhistorischen Museum in Basel.

Wolfspinnen war die Antwort. Giftig nur für ihre Beute. Denn das ist ja das erste, was die Menschen interessiert, sie werden ständig von kleinen Tieren in Angst und Schrecken versetzt, weil sie sie nicht kennen und schon als Kinder von unwissenden Eltern in grosse Angst und Schrecken versetzt wurden.

Meine Enkel haben gelernt mit kleinen Tieren zu leben, aber auch, dass man sie respektieren, d. h. nicht stören soll. Diese Kinder können einen Wurm in die Hand nehmen und eine Spinne ruhig betrachten.

Das Erschrecken vor Schlangen oder harmlosen Blindschleichen scheint dem Menschen angeboren.
Aber auch die Vernunft sollte ihm angeboren sein . . . .
Nun bin ich also stolzer Besitzer von Wolfsspinnen und kann schon aus diesem Grund nicht mehr zwischen den Sonnenröschen jäten. Diese Spinne sitzt in ihrem Gespinst im Boden und wartet dort auf Beute, die vorbeispaziert, packt sie und schleppt sie in ihre Wohnung in die Erde hinein, wo auch alle ihre anderen Aktivitäten stattfinden, die leider vor unserem neugierigen Blick verborgen bleiben. Das Staunen vor dem Wunder des Gespinstes allein ist es wert, diese Tiere im Garten zu beherbergen.

Auseinandersetzungen zwischen Pflanze und Tier sind naturgegeben und alltäglich. Einen eher ungewöhnlichen Zwist konnte ich an meiner Hauswand beobachten.
Meine kleine rote Winde wuchs wie es sich für Winden gehört windend an einem Stab empor, regelmässig und hübsch anzusehen. Dann ging es nicht mehr voran. Die Pflanze krümmte sich förmlich um sich selbst herum und suchte im Unkreis von 15 bis 20 cm. nach einer Möglichkeit des Weiterwindens: ein feines Spinnennetz, ein dicht gewobenes, einer Trichterspinne, das ich aber nur bei günstigen Lichtverhältnissen überhaupt sehen konnte, hatte ihr den Weg versperrt! Die Spinne aber passte ihr bizarres Netz immer wieder den Pflanzenwindungen an. Solches vor unserer Haustüre mitzuerleben, direkt daran teilzuhaben, dazu hat der alternde Mensch mehr Musse, als der Jüngere, der noch selbst seine Netze spannen muss . . . .

Zu guten Krimis gehören auch Liebesgeschichten.

Kohlweisslinge, diese heiteren Schmetterlinge, gibt es noch viele in unseren Gärten, so kann man hie und da an schönen Tagen eine Schmetterlingshochzeit beobachten. Die Paarung wird mit einem län-

geren Geplänkel eingeleitet, einem Auf- und Niederfliegen, einem Hin und Her, bis das Weibchen sich an geeigneter Stelle auf den Rücken legt - in dieser Stellung stören die Flügel nicht - und dem Männchen wird seine Aufgabe erleichtert.
Eifersüchtige Störenfriede gibt es genug, andere Kohlweisslinge, die den Eroberer um sein Weibchen beneiden.
Aber zum Todschlag kam es hier deswegen nie . . . . .

Einmal, Ende eines sehr warmen Aprils kam ich zu einer Wildbienen Hochzeit. Die Larven dieser Art leben von Natternkopfpollen.
Die Hochzeit konnte ich so gut beobachten, weil sie auf einem ausgebleichten Totenschädel eines Rehböckleins, das ich als "memento mori" zwischen meine Pflanzen gelegt hatte, stattfand. Das wunderschöne Männchen sass auf dem schlankeren unansehnlich grauschwarzen, "abgeflogenen" Weibchen. Im Fachjargon nennt man die Abnützung des samtigen Pelzleins "abgeflogen". Der Hochzeiter trug ein rostrotes, samtiges Brustkleid und hatte einen fahlgelben ebenfalls samtigen Hinterleib und einen weisslichen Kopf.
Während zwei bis drei Minuten dauerte das mühsame Geschäft, dann schien es als streife das Weibchen den Freier, der seine Aufgabe erfüllt hatte, mit den Hinterbeinen ab - - - - weg! fort mit dir!

Diese Zeugung neuen Lebens auf ausgerechnet einem Totenschädel schien mit bedenkenswert.

Eines schönen Junitages entdeckte ich in den Blütenkelchen der Glockenblumen Männchen einer kleinen Wildbiene, die dieses Him-

melbett gerne als Schlafplatz benützt. Die Wissenschaft würde sagen, sie lauern hier auf ein Weibchen, das die Pollen der Glockenblume sammelt - - - vielleicht haben diese Männchen auch einen Sinn für Poesie. . . . ?
Sehr schön lässt sich dies im Juli-August auf einer einheimischen Glockenblumenart der Nesselblättrigen Glockenblume beobachten.

Ich habe auch schon des öfteren Hochzeiten der Weinbergschnecken in meinem Garten beobachtet. Gar nicht selten sind Dreiecksverhältnisse, wie funktioniert das nur? Drei schwerfällige Häuser müssen da arrangiert und in Stellung gebracht werden.

Jeder Mensch liebt Schmetterlinge! Sie sind wunderschön, ihr Gaukeln und Flattern empfinden wir als beneidenswert, anmutig, schwerelos, denn wir denken, sie sind von keinen Sorgen belastet, hauptsächlich: sie stechen nicht und tun uns nichts Böses!

So möchten wir sein, wie ein Schmetterling an einem sonnigen Sommertag!!

Es war aber ein Herbsttag! Ende Oktober.
Die Sonne schien warm auf den voll erblühten Efeu, über dem sich eine unglaublich grosse Zahl Schmetterlinge: "Admiräle" versammelt hatte, an die zwanzig, auch einige Distelfalter und Tagpfauenaugen. Ich stand lange Zeit hingerissen und bewundernd vor diesem friedlichen Schauspiel. Dann kam die Hornisse und vorbei war es mit der Harmonie! Bislang hatte ich Hornissen nur auf Bienen Jagd machen

sehen, diese Hornisse hatte es auf die Schmetterlinge abgesehen. Bis zu zwölf Attacken flog sie in der Minute, immer erfolglos, etwa sieben Minuten lang. Die Schmetterlingsflügel waren einem Zupacken im Weg. Sind diese Kunstwerke, die Flügel, nicht nur Schönheit, sondern auch eine verwirrende Waffe gegen Angriffe von Feinden?
Die Admiräle waren nicht weiter beunruhigt. Dann gab die Hornisse auf und machte sich davon.

Efeu, blühender Efeu gehört in den Altersgarten, jedenfalls in meinen!

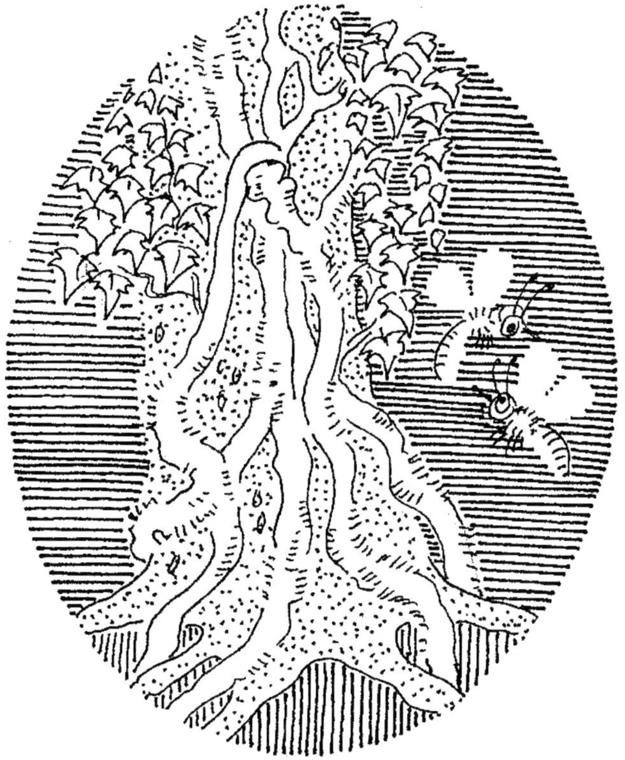

Im Anschluss an so viele Insektengeschichten möchte ich hier folgendes Gedicht des Englischen Dichters Thomas Hardy (1875 bis 1905), das mir aus dem Herzen spricht, anfügen, mit dem Versuch einer wörtlichen Übersetzung.

A shaded lamp and a waving blind,
And the beat of the clock from a distant floor.
On this scene enter - winged, horned and spined -
A longlegs, a moth and a Dumbledore,
While 'mid my page there idly stands
A sleepy fly, that rubs its hands.

Thus *meet we five*, in this still place,
At this point of time, at this point of space.
My guests parade my new penned ink
Or bang at the lamp glass, shirl and sink,
'God's *humblest* they! I muse. Yet why?
*They know Earth's secrets that know not I.*

Eine abgeblendete Lampe und ein loser Laden,
Und das Schlagen der Uhr aus der Ferne.
Diese Szene betreten - geflügelt, gehörnt und stachlig -
Eine langbeinige Spinne, ein Nachtfalter und eine Hummel,
Während mitten auf meinem Blatt Papier eine
schläfrige Fliege steht und ihre Hände reibt.

So treffen *wir fünf* uns an dieser stillen Stelle,
Zu dieser Stunde, auf diesem Fleckchen Erde.
Meine Gäste stolzieren auf der noch nassen Tinte
meines Blattes, oder krachen ins Glas der Lampe taumeln und fallen.
Sie sollen Gottes bescheidenste Geschöpfe sein?
Grüble ich. Aber warum?
*Sie kennen Geheimnisse der Erde, die ich nicht kenne.*

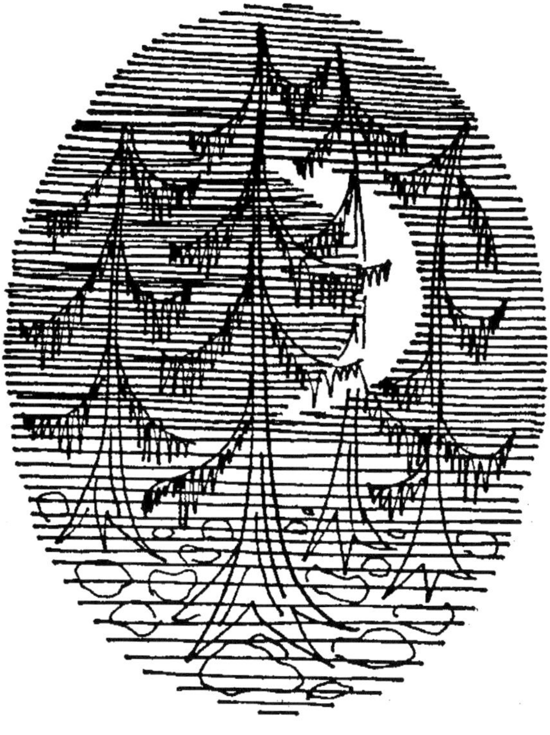

# Gerda

Sie pflegte nicht nur einen Garten im üblichen Sinn, sie hatte gleich noch einen ganzen Park im Zaum zu halten.

Mit Wiesen, Ruinen, Weihern, Bäumen und Hecken und Denkmälern. Diese Aufgabe wurde ihr nicht in die Wiege gelegt, aber sie hat sie angenommen mit Hingebung und Liebe, sie als Verpflichtung empfindend. Tüchtig, tatkräftig, zupackend und fröhlich. So etwas braucht ein Park, der eigenwillig in alle Richtungen ausbricht! Hauptsächlich Fröhlichkeit braucht es und guten Mut. Soviel Park zu ertragen ist nicht jedermanns Sache!

Ausser dem Park hatte Gerda noch einen stattlichen Hausgarten zu betreuen, der einen Zier- und Gemüsegarten enthielt.

Wie handhabte Gerda all diesen Besitz? Wie ging Gerda im Alter damit um?

Jeder Besitz sowie jede Liebe bedeutet Freud *und* Leid. Wenn die Kräfte im Alter nachlassen, darf die Freude nicht nachlassen. Gerda zog alle Gemüse und Beeren selbst für die manchmal zahlreichen Leute, die bei ihr zu Tische sassen. Dieser Gemüsegarten war nach dem Muster von Barockgärten angelegt in schönster, sonniger Lage, mit buchseingefassten Beeten in geometrischen Formen. Die Buchseinfassungen waren schon alt, ein Schneckenparadies, aber immer getrimmt, zwei mal im Jahr, und das Gemüse darin ein Schmuck, so schön wie einer der Emmentaler Bauerngarten, in denen diese Tradition noch gepflegt wird. Sie zählen zu den Besten und Sinnvollsten

aller Gärten. Doch das bedeutet Arbeit, sehr viel Arbeit. Gerda, die über eine gute Portion Temperament verfügte, drohte von Zeit zu Zeit, dass sie jetzt genug und die Nase voll habe, das Beet einebne und Rasen ansäe, das sei viel einfacher. Ich wandte ein:
"Tust du nicht!"
"Doch!"
"Es wäre schade."
"Ist mir egal."
"Ist Dir nicht egal!"
"Doch, ich werde alt."

Dann geschah es, der Gemüsegarten wurde eingeebnet! Dann lag er vorläufig einmal brach und - - - brach das Herz der Gärtnerin! Nach Einhalten einer Anstandspflicht, um das Gesicht zu wahren, auferstand, - Oh Wunder - der alte Gemüsegarten, diesmal mit neuer, junger Buchseinfassung!
"Sehr viel leichter zu pflegen diesmal, eine *grosse* Erleichterung", betonte die Gärtnerin,
"Ja, natürlich" sagte ich.

Um die Erleichterung noch zu maximieren, pflanzte Gerda in die Mitte der Anlage eine Rose, eine "Souvenir de Malmaison", die sie selbst aus einem Steckling gezogen hatte. Jeder, der sich mit diesen noblen Geschöpfen befasst, weiss, wie sehr alte Rosen der behutsamen Pflege bedürfen! Besonders eine geborene "Malmaison"! Aber auch jeder, in dessen Brust ein Gärtnerherz schlägt, versteht diese Gärtnerin. Ein Gärtner kann eben nicht immer nach Vernunft handeln, darum können Gärten im Alter ein Problem werden. Zum Beispiel man macht Stecklinge aus reiner Freude am gärtnerischen Tun, am Wachsen und Werden. Über Erwarten gedeihen die Stecklinge alle prächtig, man steht vor einer ganzen Stecklingsversammlung, obwohl man geschworen hat, nichts mehr zu pflanzen und nichts mehr zu vermehren, - - - *man kann ja nicht mehr, das Alter und der Rücken, und ach, die nachlassenden Kräfte* - - - dann sucht man ein Plätzchen für die Zöglinge, da wäre noch eins und dort, und schlussendlich wachsen die Rosen im Gemüsebeet mit den Rüben um die Wette.

Ich kannte einen alten englischen Gärtner, Mr. Hughes, er hatte eine Leidenschaft für Stecklinge! Überall auf seinem grossen Grundstück steckte er kleine Äste, wie mir schien ziemlich wahllos, in den Boden. Und sie alle bewurzelten sich und kamen auf, wurden gross und grösser, so dass sich dieser Mann bald in einem Busch-Wald, einer Art Zauberwald bewegte oder, besser gesagt, nicht mehr bewegen konnte. Aber die Freude an seinen so wohl geratenen Stecklingen war unendlich!
Da war aber noch etwas Anderes, das Gerda mehr und mehr zu schaffen machte, das war die Fuchsfamilie. Sie wurde ihr nicht mehr Meister. Solange die Füchsin sich an das Waldstück gehalten hatte, das sich im Osten in gewissem Abstand zum Haus befand, hatte Gerda nichts gegen sie einzuwenden, aber bald einmal streifte das Tier im Gemüse- und Ziergarten herum, wo es allerlei Unheil anrichtete, indem es in den Gemüsebeeten herumstöberte und dort seine nicht zu übersehenden Spuren hinterliess. Weitere Spuren befanden sich auf dem stets reinlich und peinlich geharkten Kiesplatz vor dem Haus. Dieses Tier hielt nichts von Laotses Lehre:
"Der Weise hinterlässt keine Spuren."
Gerda schimpfte temperamentvoll:
"Das lass ich mir nicht mehr bieten. Jetzt hol ich den Jäger. Der Fuchs muss weg. Sofort."

Ein paar Tage wagte ich mich nicht mehr in die Höhle der Löwin, Füchse sind mir sympathisch und üble Jägernachrichten wollte ich mir ersparen.

Dann traf ich Gerda beim Metzger, sie kaufte ein Poulet, ein ziemlich schweres Poulet.
"Ah, sagte ich, bei Dir gibt's heute Poulet!"
"Nein," erklärte sie geniert. "Nicht bei mir, bei der Füchsin, sie hat Junge, sie muss doch etwas zu essen haben."

Die kleinen Inkonsequenzen machten diese Gärtnerin so liebenswert. Die Tiere, die uns aus eigenem Willen aufsuchen, machen einen Garten, besonders im Alter, wo man mehr Zeit zum Beobachten hat, lebendig und erst eigentlich zum Paradies. Bei Vögeln akzeptieren wir ihre Gegenwart, falls sie uns nicht stören. Bei Insekten und kleineren Wirbeltieren sieht es etwas anders aus.
Schlussendlich entschloss sich Gerda, die Füchsin zu dulden, die Freude an "ihrer" Fuchsfamilie überwog.

Auch in vorgerückten Jahren wurde es Gerda nicht zuviel, "ihre" Bussarde und "ihren" Reiher im Winter zu füttern, die Bussarde bekamen vor dem Küchenfenster ihre Fleischstückchen und der Reiher seine schnabelgerechten Milzstreifen vorgelegt, ganz in der Nähe des runden Fischteiches. So konnte Gerda beobachten, wie der Reiher an sehr kalten Tagen seine gefrorenen Milzstreifchen zuerst in das Wasser des Teiches hielt, bis sie aufgefroren waren um sie dann zu schlucken. Gerda beschimpfte ihn: "Alle Fische im Teich hast du mir aufgefressen, mach dass du wegkommst" und sie reichte ihm fürsorglich eine zweite Portion.

Gärtner sind privilegiert, sie müssen nicht nach fernen Ländern reisen, sie machen ihre Reisen vor die Haustür!

So pflegte und hegte Gerda ihren Garten unentwegt, auch im Alter, manchmal drohend, sie werde jetzt Alles ausreissen, einebnen und aufgeben, um gleich darauf wieder zu pflanzen und neu zu beginnen, ganz im Sinne von Goethe: "Dass du nicht enden kannst, das macht dich gross!"
Gerda durfte ihren Hausgarten bis kurz vor ihrem unerwartet schnellen Tod behalten und pflegen.

Da war aber noch der Park.
In Gerdas besten Jahren als ihr Mann noch lebte und darüber hinaus ging alles gut. Aber, wie Wilhelm Busch bemerkte:
"Eins, zwei, drei im Sauseschritt
läuft die Zeit, wir laufen mit."
Als ihr Mann starb, übernahm Gerda den ganzen Park mit allen Pflichten und Aufgaben. Aber die Zeit lief und die Arbeit davon.
Da waren die zum Park gehörenden Häuser, die Wege, die Stege, die Brücken und alle die Denkmäler, alles wollte erhalten und bedacht sein. Einmal verschwand das dem Idyllendichter Salomon Gessner gewidmete Denkmal, ein ziemlich grosser, schwerer, behauener Stein. Gerda liess nach ihm suchen, man vermutete Nachtbuben und erwog, den unauffindbaren Stein im Weiher, wohin ihn die Übeltäter sicher versenkt hätten, zu suchen. Noch bevor man einen Taucher anfragte, ob er im mittleren Weiher nach dem Denkmal fahnden könne, tauchte der Stein ohne Taucher wieder auf: Der damalige Gemeindepräsident hatte ihn eigenmächtig, aber vorsorglich zu einem Steinmetzen geschafft, um ihn restaurieren zu lassen. Ihm wurde verziehen, er hatte aus engagierter Liebe gehandelt.

Dieser Mann erzählte mir einmal, dass er jeden Morgen und jeden Abend eine kleine Schnecke beobachte, die immer am gleichen Stamm eines seiner Bäume hinauf und hinabkroch, er war völlig fasziniert vom rätselhaften Tun dieses Tiers! Er kümmerte sich nicht nur um sein Dorf, er kümmerte sich auch um seine unscheinbarsten Mitbewohner, das macht den Mann unvergessen.

Der Park wurde alt.
Gerda stand einer Natur gegenüber, die über sie und ihre Seele hinwegschwappte: türmende Bäume mit weit ausladenden Ästen, wuchernde Hecken, ausferndes Schilf, einwachsende Wege, eigenwillig sich ein Bett suchende Bäche, nicht zu reden von den Parkbesuchern, die das alles auch können! Hauptsächlich diese! Und alle im Sauseschritt unserer Zeit.

Gerda war gefordert.
Nachmittage lang ging sie, manchmal von einem Gehilfen begleitet, mit einer Heckenschere, einer Säge und einer Rebschere ausgerüstet, durchs Gestrüpp und wirkte. Da sie eine Gärtnerseele hatte, wollte sie viele der Arbeiten keinem anderen überlassen, wer weiss, was der wegschneiden würde, womöglich gerade die schönsten Zweige mit den hoffnungsvollsten Knospen! Was würde ihr verstorbener Mann sagen? Die Traubenkirsche wollte zur Blütezeit bewundert werden und die Kornelkirsche durfte sie schon gar keinem überlassen. Wer wusste schon, dass man aus ihnen die besten sauersüssen Früchte, zu Siedfleisch zu geniessen, herstellen kann, denn Gerda war nicht nur eine gute Gärtnerin, sie war auch eine begabte Köchin.

Aber die Arbeit wurde zu viel und der Park musste vor den geliebten Grosskindern, denen viel Zeit gewidmet wurde, zurücktreten.
Gerda, im Einverständnis mit ihrer Familie, brachte den grossen Park mitsamt all seinen Weihern, Gebäuden, Attraktionen, Besonderheiten und Denkmälern in eine Stiftung ein.

Sie zögerte, sie zweifelte, sie überlegte, aber es war der vernünftige Weg und sie entschloss sich dazu.

So leicht wird man indes ein Stück Natur, ein Stück glückliche Vergangenheit, nicht los. Der Park lag ihr am Herzen, nicht zuletzt, weil er ihrem Mann am Herzen gelegen hatte, er rief nach ihr, er verlangte nach ihr, aber sie konnte jetzt nicht mehr allein darüber bestimmen und der Stiftungsrat . . . . was wusste der von all den wichtigen Dingen, die getan werden mussten, die man nicht so einfach sich selbst überlassen konnte?

Gerda hatte jedes Jahr dem Eremiten, der als eine Kunstfigur in natürlicher Grösse in seiner Klause sass und sonntags dank einem Uhrwerk dem Publikum nickend für eine kleine Gabe dankte, eigenhändig die Kutte gewaschen und geflickt. Sie hatte jahrzehntelang jeden Samstag frische Blumen auf den Altar der kleinen Kapelle in der Burgruine gestellt. Im Juli waren das immer weisse Madonnenlilien gewesen. Sie wusste, wo der Kauz sich tagsüber aufhielt, wo die ersten Schneeglöckchen zu finden waren und wann die Sumpfdotterblumen in der Gobenmatte aufblühten. Sie hatte die Hecke am Mühlebach selbst zurückgeschnitten und den Zufluss zum Weiher kontrolliert. Sie hatte den Abfluss des Dreiröhrenbrunnens von dem Abfall, den Spaziergänger regelmässig hineinstopften, befreit. Sie hatte mit dem Bürgi den Wasserstand der Weiher geprüft, gefischt und den Hecht, welchen der Mann herauszog, zubereitet nach alten, wunderbaren Rezepten. Sie hatte ihre Freunde an warmen Sommerabenden aufs Schloss eingeladen und ihnen das Beste aus Küche und Garten vorgesetzt - - - - jetzt sollte sie *fragen*?

Andere bestimmten und sie, die alles umsorgt und erhalten hatte, sollte fragen?

Sie empfand es bitter, dass sie keinen Hecht mehr in die Küche geliefert erhielt, andere kochten and assen jetzt "ihre" Hechte.
"Möge er ihnen im Halse stecken bleiben! !"
"Lass los" rieten ihr alle die vernünftigen Freunde und Bekannten, die sie wirklich liebten.
"Lass los".
Wie schwer ist das Loslassen! Wie schnell gesagt und wie schwer dem engagierten Herzen abgerungen.

Gerda gab sich alle Mühe. Manchmal gewann ihr Frohsinn die Oberhand, aber oft auch die Schwermut. Sie ging ungern mehr in den Park und scheute alle Neuerungen, die ihr unnötig vorkamen. Alles erinnerte sie an früher. Die Erinnerungen waren verklärt, die Gegenwart bedrückend.
"Loslassen!" Das Modewort hatte sie eingeholt.

"So, so" sagten die Leute befriedigt, als sie von der Stiftung hörten, "Sie hat losgelassen!"
Wer das so obenhin sagt, hat sich nie mit einem Ideal identifiziert. Aber im Alter müssen alle Menschen das Loslasssen lernen, notgedrungen. Einen Garten, sei er gross oder klein, loslassen ist besonders schwer, er ist Etwas zwischen einem Freund und einem Kind.

Heute vermisse ich diese Frau schmerzlich.
Sie hat uns allen viel geschenkt, ihre Kraft und ihre Zeit, das kostbarste, über was Menschen verfügen. Sie hat uns, der Nachwelt, ein Stück Natur erhalten und hinterlassen, in das sie traditionsgemäss wenig ein-

gegriffen hat, und das sich darum vielen Menschen zur Freude frei und reichhaltig entwickeln konnte.

Das Schicksal hat ihr langes körperliches Leiden erspart und ihr einen allzu frühen Tod geschickt.

Niemand hat in ihrem grossen Park mit seinen vielen Denkmälern ein kleines, bescheidenes Plätzchen für eine kleine, bescheidene Tafel, die an diese Frau erinnert, gefunden.

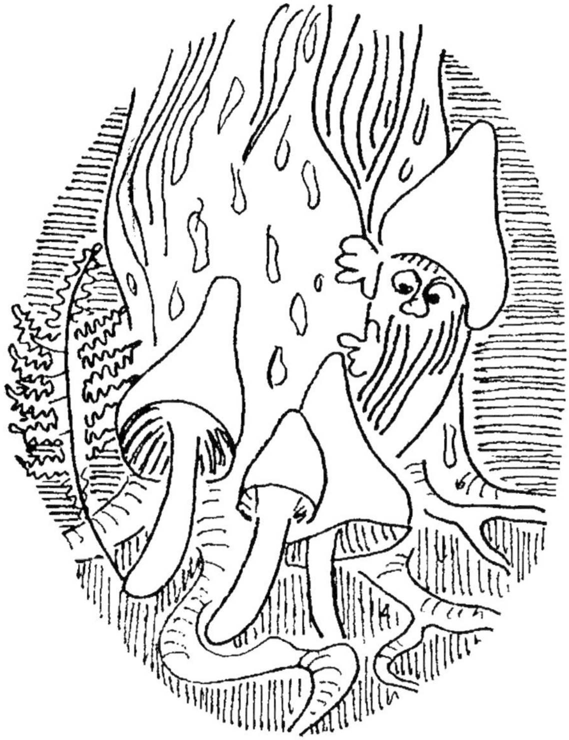

# Viertes Zwischenstück
# Über das Loslassen und Reduzieren

Von meinen zwei alten Kirschenbäumen habe ich viel gelernt. Von Bäumen kann man immer lernen, nicht von den gestutzten, auf Ertrag zurück geschnittenen Obstbäumen, die manchmal so traurig amputiert herumstehen, ich meine von den Bäumen, die alt werden dürfen, in Würde, im Schmuck von Efeu, Moosen und Flechten und einem ganzen Gefolge von Kleintieren und Vögeln.

Es war im Sommer. Nach einer Trockenperiode setzte ein ausgiebiger Regen ein. Meine zwei alten Kirschbäume sogen sich voll und dann warfen sie jeder einen Ast so gross wie ein mittlerer Baumstamm krachend ab.
Die Last war zu schwer geworden, aber die immer noch ansehnlichen Bäume blieben erhalten.
Ich betrachtete traurig die Äste und dachte: "So musst du es machen." Was zu viel und zu schwer wird muss man abwerfen, reduzieren, so kann man dann vielleicht das Ganze noch erhalten.
Aber auch das Reduzieren ist nicht einfach. Eigentlich kann man im Garten auf gar nichts verzichten, nicht auf die Veilchen, nicht auf ein Vergissmeinnicht, nicht auf die so wunderbar nach dem Süden duftenden Lavendel, nicht auf die Moosrose, nicht auf die aus fremden Ländern mit heim gebrachten, womöglich erfolgreich geschmuggelten Pflanzen, gehegt und gepflegt und immer knapp vor dem Sterben bewahrt . . . . . Auf die glaubt man schon gar nicht verzichten zu können. Und was machen wir mit den Pflanzen der Kindheit, die soviel Erinnerungen wachrufen?
Man muss beim Reduzieren der Natur folgen! Es fängt damit an, dass man die Pflanzen, die nach einem strengen Winter oder heissen

Sommer nicht mehr leben wollen nicht ersetzt. Das sind die Delikaten, Pflegeintensiven, Schneckenanfälligen wie Rittersporn, Lilien oder Glattblattastern.
Dann hört man langsam mit dem Anziehen von einjährigen oder zweijährigen Pflanzen auf. Diese brauchen viel Aufmerksamkeit und beanspruchen viel Zeit, die Zinnien die Sonnenblumen, die Tagetes, die kleinen Verbenen, der Tabak, und und viele mehr.

Stengel schwache Pflanzen wie hoch gezüchtete Lilien, Iris, Tulpen, hohe Spierstauden und hoher Eisenhut und andere, oder Stauden, die zum aufrecht stehen eine Stütze brauchen, gibt man allmählich auf. Das Aufbinden aber auch das Einfügen von Stützhilfen beansprucht viel Zeit und Kräfte, auch einen Terminkalender, denn wenn man den Zeitpunkt verpasst hat, wird das Aufbinden schwierig. Es gibt noch genug Standhafte, die nicht beim ersten Regen umfallen!

Was macht man mit der kleinen, einjährigen roten Winde: "Quamoclit Disco" deren gefranste dunkelgrüne Blätter so schön sind wie die blutroten Blüten, die sie wunderbar hervorheben, als wüssten sie um Komplementärfarben und hätten Goethes Farbenlehre studiert?
Man soll sich aber auch nicht das Herz brechen, oft ist die kleine rote Winde dem Herzen näher als ein paar Quadratmeter Teerosen. Hier gilt es schwere, ganz individuelle Entscheide zu fällen, die uns niemand abnehmen kann.

Es gibt Menschen, die machen kurzen Prozess! Sie reissen allesaus, setzen anstelle der Pflanzen Pflastersteine oder legen die Beete mit

groben Kieseln, Häcksel oder Steinplatten aus oder bedecken alles mit Teer, sie "versiegeln" ihre Böden, samensicher, und im Herbst: "Um Gottes Willen keine fallenden Blätter".
So! Jetzt hat die arme Seele Ruh.
Warum eigentlich?
Warum überlässst man diese Stellen nicht einfach der Natur, die dann bestens weiss, was sie an diesen Orten wachsen lassen will. Einmal oder zweimal im Jahr kann man ja mit der Sense oder einem hochgestellten Rasenmäher darüber fahren, das ist dann auch nicht mehr Aufwand als das samstägliche Fegen und Waschen, Wischen, Absaugen oder Abblasen der abgedeckten, versiegelten Flächen. Und die Bekannten sehen, dass man nicht einfach faul und nachlässig ist, sondern dass man sich recht ordentlich und fleissig um den Garten kümmert! Menschen lieben Kritik und sagen immer etwas! Und hauptsächlich, wie Wilhelm Busch bemerkt:
"gibt jeder gerne acht, ob auch der andre etwas Böses macht!"

Jeder Gärtner hat auch irgendwo Töpfe stehen, in denen er Samen an- und Stecklinge gross zieht oder empfindliche meist fremdländische Gewächse pflegt. Manchmal dienen Töpfe auch als Spitalaufenthalt. Das ist viel Arbeit und es ist zeitaufwendig, im Frühling das Umtopfen, im Sommer das ständige Giessen und im Herbst das in den Keller tragen, wo man sie im Winter natürlich auch nicht sich selbst überlassen kann. Hier könnte man mit dem Loslassen beginnen.

Ich selbst habe noch ganze vier Töpfe: zwei von meinem Vater geerbte Phyllokakteen, eine "Königin der Nacht", von der Stifter sagte, sie habe die schönste aller Blüten, und eine kleine unansehnliche Palme, Erinnerung an einen ungewöhnlichen Garten in der Türkei.
Mein damals vielleicht sieben jährige Enkel ging völlig vertrauensvoll zu dem Hotelbesitzer, der sonst mit Niemandem sprach, und be-gann mit diesem ein Gespräch so quasi von Mann zu Mann, von Mensch zu

Mensch! Der kleine Bub sagte zu dem schweigsamen, verschlossenen Mann: "Ich möchte auch einmal einen so wunderbaren Garten haben wie Du ihn hast, wie macht man das?" Der Türke sprach deutsch. Es entwickelte sich ein angeregtes Gespräch. Ich war nicht dabei, kenne den Inhalt nur aus den Erzählungen meines Enkels und . . . . aus den Folgen:

Einer der Hotel-Gärtner erhielt die Anweisung, eine kleine Palme auszugraben, zu verpacken und dem Kind zu schenken. Diese Palme steht nun bei mir, denn das Kind hatte sich unterdessen anderen Dingen zugewandt, die weniger Aufmerksamkeit verlangten als eine türkische Palme, die man täglich giessen muss! Mich aber erinnert sie an eine nicht alltägliche Begegnung zweier nicht alltäglicher Menschen und sie erinnert mich daran, was Vertrauen, wenn auch "nur" das eines Kindes, bewirken kann. Die Palme werde ich einmal aufgeben - loslassen - müssen, dann bleibt nur noch die Erinnerung an geschenkte Tage in der Türkei.

Das was dem Herzen am wichtigsten ist, muss jeder für sich selbst entscheiden.


Man kann auch die Gartenarbeit reduzieren indem man zum Beispiel in einem Staudenbeet die kräftigeren Pflanzen wie Stauden-Geranien, Fetthennen, Christrosen, Wolfsmilch oder das Baptisium grössere Flächen bedecken lässt. Eine solche vereinfachte Pflanzung kann man notfalls oder vorübergehend auch einmal einer anderen Person zur Pflege überlassen.


Bleibt das Moos.

Mit dem Moos, das mit dem sauren Regen in den letzten Jahren besonders üppig gedeiht, habe ich meine liebe Mühe. Es ist eine liebe Mühe, denn das Moos ist ja wunderschön, weich, sanft und doch vital und ein idealer Lebensraum für gewisse Insekten. Wenn ich nach einer längeren Trockenperiode vor meinen Staudenbeeten stehe, und wieder besseres Wissen denke: jetzt ist alles Moos endgültig vertrocknet, ein einziger kleiner Regenguss aber die Totgeglaubten in kürzester Zeit zu neuem Leben erweckt, tröste ich mich mit den Moosgärten des Zenbuddhismus. Die Zen-Gärtner erheben das Moos in den Adelsstand und meditieren davor!

Bevor man einen Garten loslässt, aufgibt, sollte man auch diese Möglichkeit in Betracht ziehen . . . .

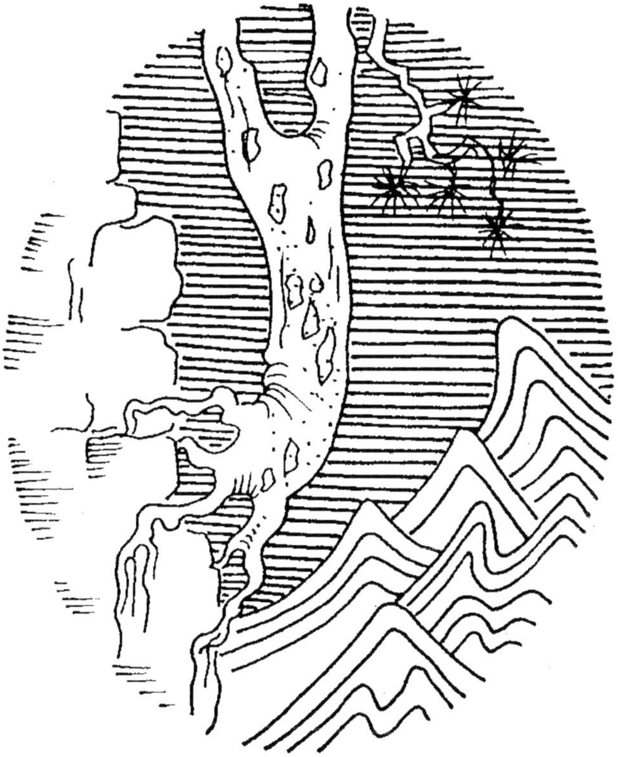

# Mein Onkel Arthur

Dies ist die Geschichte eines Natur - Alters - Gartens. Wer Naturgärten nicht unter Gärten zählt, muss dieses Kapitel nicht lesen es ist nur für Naturfreunde und ähnliche Idealisten gedacht.

Ich pflanze gerne junge Bäume. Das hat mit meinem "Onkel Arthur" zu tun.
Er war der Freund meines Vaters. In meiner Kindheit sagten wohl erzogenen Kinder zu den Freunden ihrer Eltern "Onkel" und "Tante". Heute grüssen Kinder mit "Hallo" und "Hey".
Mein "Onkel Arthur" besass ein grosses Grundstück in schönster Süd-West-Hanglage, sich erstreckend vom Dorfrand bis zum Waldrand.

Mein Onkel Arthur war der Pionier des Wildgartens!

Heute sind Wildgärten und Naturgärten in England, dem Land der klassischen Gärten und Hobbygärtner "in" aber keiner dieser englischen Naturgärten kann sich mit dem Garten meines "Onkel Arthur" vergleichen, mit seinem Garten, wie ich ihn noch gekannt habe.
Nicht, dass mein Onkel Arthur das Wilde angestrebt hätte, es hat sich von selbst ergeben, denn das Grundstück war schlicht und einfach zu gross, und ein Gehilfe kam selten in Frage, war unerwünscht und dem damaligen Einkommen dieses Zahnarztes nicht entsprechend. Denn der Mann hatte das Herz auf dem rechten Fleck und leistete sich den Luxus, den sich heute kein Zahnarzt mehr leistet, seine ärmeren Patienten gratis zu behandeln. Das sprach sich herum. Derart hatte mein "Onkel Arthur" stets ein überfülltes Wartzimmer voller dankbarer Patienten! Aber das beeinträchtigte seine Heiterkeit und gute

Laune nie, obwohl die gespendete Zeit seinem geliebten Garten abging.
Er holte die Zeit einfach vor! Er stand früher auf. Im Sommer mit der Morgendämmerung! Und wenn er dann um sieben Uhr mit dem Tram nach Basel in seine Praxis fuhr, hatte er schon ein halbes Tagewerk hinter sich, hatte gegossen, geschnitten, geharkt, gepflanzt, gejätet und sich gefreut!

Ich habe meinen Onkel Arthur und seinen Garten geliebt, schon als Kind.
Erstens lieben Kinder humorvolle Menschen und zweitens wilde Gärten. Was soll ein Kind mit einem sauberen, geputzten Garten anfangen?
"Bleib schön auf dem Weg!"
"Blumen pflücken verboten!"
"Beeren nicht anfasssen!"
Fehlt nur noch: "Hast du die Hände gewaschen?"

Als mein Onkel Arthur in seinen jüngeren Jahren den Garten angelegt hatte, konnten Ordnung liebende Leute das Ganze noch einen "Garten" nennen. Es gab Kies- und Plattenwege, einen kleinen Gemüsegarten, ein Rosenbeet vor der Südseite des Hauses, einen Birnen-Spaliergang etliche Sitzplätze und Ruhebänke, einen sehr grossen Baumgarten und sogar ein kleines Schwimmbecken, eine absolute Neuheit zu jener Zeit. Gegen die Strasse zu, im Westen, hatte mein Onkel Arthur mit eigenen Händen eine niedere Stützmauer gebaut. Die Menschen, die vorbeikamen, fanden sie etwas krumm, ja sie

wurde im Laufe der Jahre mit ihrem Erbauer zusammen immer krummer, aber die Eidechsen und Ameisen fragten nicht nach Lineal und Wasserwaage, sie hatten sich auf lange Sicht hier eingerichtet und wahrscheinlich morgens und abends ein kleines "Halleluja" gesungen, was heisst:
"Bringet dem Schöpfer ein Loblied dar."

Aber die Jahre gingen nicht spurlos weder an meinem Onkel Arthur noch an seinem Garten vorbei. Beide, der Gärtner und seine Bäume wurden knorriger, sie passten sich aneinander an. Während die vielen starken Pflanzen intoleranter und üppiger wurden, wurde der Gärtner duldsamer und milder. Ohne dass man das gleich wahrnahm verschwanden die gepflegten Gartenpartien immer mehr unter Ranken und im wuchernden Gestrüpp, obwohl mein Onkel Arthur alles andere als ein Dornröschen war!

Die Zeit verging.
Mein Onkel Arthur verlor seine Frau.
Seine Kinder zogen aus und verliessen ihn.
Er aber blieb.
Er lebte jetzt ganz allein.
Und er arrangierte sich mit seinem Garten.
Er freute sich an allem, was da wuchs.
Seine Praxis in Basel schlief langsam ein, aber der Garten erwachte.

Einmal zog eine Nachtigall bei ihm ein. Eine Seltenheit. Die Leute vom Dorf pilgerten abends zu meinem Onkel Arthur, um sie singen zu hören. Aber das gefiel dem Vogel nicht und er zog wieder aus, an die Birs hinunter. Die Menschen sagten: "Schade", und gingen zurück in ihre eigenen Gärten, um dort Ordnung zu machen, denn so ein "Chaos", wie mein Onkel Arthur eines hatte, wollten sie doch nicht!
Sie waren ja keine Nachtigallen . . . .

Als ich in dieser Zeit einmal mit meinem Onkel Arthur das Grundstück gegen den Wald hinauf abschritt, blieb er plötzlich vor einem nicht mehr ganz jungen Nussbaum stehen, schaute überrascht an ihm hinauf und sagte:
"Dich habe ich ja noch gar nie gesehen!"
Und zu mir gewandt: "Was für ein hübscher Baum."
Das beschämte mich etwas, denn ich hatte eigentlich an eine Säge gedacht . . . . .

Ein heiteres Gemüt und der Garten gaben dem alten Mann die Kraft sein Schicksal zu tragen, denn dieses hatte es, wie man so gemeinhin sagt, nicht gut mit ihm gemeint. Aber dieser Gärtner klagte nie.
Einmal meinte er:
"Ich dachte, ich könne im Alter mit Deinem Vater die Abende im Garten, auf einem Bänklein sitzend verbringen. So wie man sich das so schön vorstellt. Jetzt liegt er schon auf dem Friedhof. Wir hätten uns erinnert an die Zeiten, als ich am ersten Mai im Umzug mitlief, ganz zuhinterst, denn so ganz gehörte ich ja nicht dazu! Ich trug eine rote Krawatte. Dein Vater hatte wegen der Krawatte Bedenken.
Jetzt braucht er keine mehr zu haben."

Als mein Onkel Arthur schon sehr alt war und schwankend durchs Leben ging, besuchte ich ihn wieder einmal. Ich suchte ihn in dem grossen Haus, das nie verschlossen war und dann im Garten, was ein Unterfangen war. Ich kam mir vor wie Stanley, der Livingstone in Afrika suchen musste!
Ich fand ihn.
Er stand auf circa vier Quadratmetern, die er gerodet hatte, auf seinen Spaten gestützt und schaute glücklich auf einen kleinen Apfelbaum, den er eben gepflanzt hatte. Das schneeweisse Haar meines Onkel Arthur loderte in der Abendsonne. Er war damals etwa 85 Jahre alt oder älter.

"Ein hübscher Kerl" sagte er auf das wirklich sehr kleine Bäumchen weisend.

"Ja" sagte ich zögernd. Und dann: "Wann wird er Früchte tragen?"

Mein Onkel Arthur antwortete: "Ich denke in acht bis zehn Jahren."

Ich blickte auf das schlohweisse Haar, die zerfurchten Hände und auf den Spaten . . . .

den Spaten . . . . . . . . .

Dann bahnten wir uns einen Weg ins Haus, über Brombeerfussangeln stolpernd, an einem Obstbaum vorbei, den eine Noisettiana Rose eingesponnen hatte.

Ich sagte zu meinem Onkel Arthur: "Möchtest du dir nicht einen Mann anstellen, der dir im Garten hilft?"

"Nein" erwiderte er, "weisst du, es ist gar nicht nötig! Ich komme gut zurecht." Dabei blickte er zufrieden über Bäume und Sträucher.

Daran muss ich immer denken, wenn mir alte Menschen klagen und jammern. "Ich muss mich im Altersheim anmelden, der Garten gibt zuviel zu tun, all das Jäten, Putzen, Aufräumen und Säubern, es wird zu viel, ich komme nicht mehr zurecht."

Diese Menschen lassen sich von ein paar Gräslein, die zwischen den Trittplatten wachsen, vertreiben. Sie werden nie beobachten dass in diesen Gräsern die Ameisen ihre Wohnungen bauen, die Ameisen, die den Grünspechten als Nahrung dienen, diese Vögel, die dann dieselben Menschen mit dem Feldstecher beobachten und stolz erzählen: "Ich habe einen Specht gesehen!"

Heute ist der ganze schöne Hang, der meines Onkels Arthur Garten gewesen ist, verbaut und genutzt. Es ist ein armer Hang geworden, mit lauter sehr sauberen Gärten, abgegrenzt mit Fertigbetonelementen.

Ich wünschte, dass mein Onkel Arthur, der nie an sein Weiterleben nach dem Tode geglaubt hat, - dazu war er viel zu bescheiden, - falls er doch vom Himmel auf die Erde schaut, wegschaut.

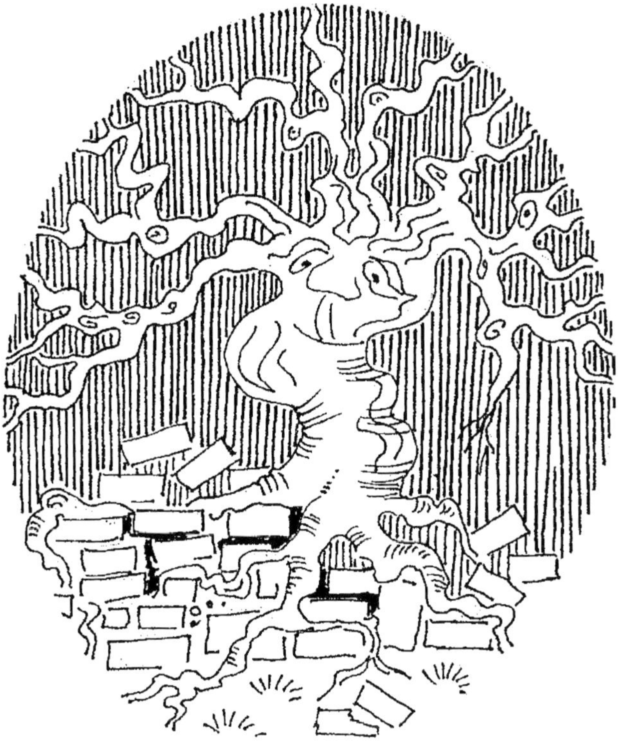

# Fünftes Zwischenstück

# Etwas über Wiesen und ihre Pflege

Einen englischen Rasen zu unterhalten ist zeitaufwendig, ein Kampf mit der Hydra. Im Alter kann das ein Problem werden. Wie sollen wir - wollen wir? - den von allen Seiten hereinfliegenden Krautsamen Meister werden? Und die unliebsamen Singvögel, die auch noch zu der Verkrautung beitragen? Unmöglich.

Ahnungslos-Ehrgeizige gehen das Problem mit Hilfe von Prospekten an, die clevere Geschäftsleute versenden: sie wechseln den "verunkrauteten" Rasen aus gegen Rasen-Matten, die man am Laufmeter kaufen, zuschneiden und verlegen kann. Bereits im ersten Jahr sind diese Leute wieder am zupfen und jäten . . . .
Im Sinai, in einem der Hotels, wo die Grossen dieser Welt tagen und über unsere Geschicke bestimmen, wurden gar in den Gärten, die eigentlich der Wüste und den Beduinen gehören, künstliche Stoffmatten ausgelegt, die grüne Wiesen und Wiesenwege vortäuschen.

In einer solchen Umgebung sollen die ganz grossen Probleme der Erde als da sind Klimawandel, Globalisierung, Umweltschutz besprochen und gelöst werden? ? ?

Das sind denkbar ungeeignete Massnahmen für unseren Altersgarten, ganz abgesehen von den immensen Kosten - und der Energieverschwendung.
Wir wollen ja vereinfachen, toleranter werden, nicht nur den Kindern, Freunden und anderen Gartenliebhabern, sondern auch der Natur gegenüber. Wir wollen aber auch nicht unbedingt ein völlig wildes Stück Erde.

Wir hätten so gerne eine hübsche Blumenwiese, das kann doch kein Hexenwerk sein, das lässt sich doch machen . . . . jedes Naturschutzheftchen preist die Blumenwiesen an, so einfach, man nehme ein kleines Tütchen von dem empfohlenen Samen und fertig ist die Wiese!

Aber ein Stück Blumenwiese anzulegen oder Englischen Rasen in eine Blumen-Wiese überzuführen ist ein langwieriger Prozess. Das vorgenommene Ziel zu erreichen, sich zurückzulegen und die Hände in den Schoss zu legen wird nie möglich sein. Das Einfachste ist, man lässt alles wachsen, was will und freut sich daran. Aber der Gärtner will ja eine *Blumen*-Wiese. Er will "gestalten".

"Blumenwiesen" im Garten!

Ich sehe auf ein langes Gärtner Leben zurück und auf sechzig Jahre freudvolle und leidvolle Wiesenerfahrung.

Einer der ersten Englischen Gärten, die ich vor vielen Jahren als junge Frau mit einer Freundin, ebenso naiv wie ich, besuchte, war Hever in Südengland. Damals gab es noch keine Gartenführungen und als wir in der Morgenfrische den Garten besuchten, war er menschenleer. Vor uns breitete sich ein Rasen aus und wir dachten: so etwas Schönes gibt es nur in England! denn die ganze Fläche war übersät mit blühenden Gänseblümchen, wir wagten nicht diesen Teppich zu betreten. Alles, was wir anschliessend sahen, der berühmte Italienische Garten und die Staudenbeete, die Topiaries, die Wasseranlagen erschienen uns neben dem Wunder der Gänseblümchen zu verblassen!

Als wir um die Mittagszeit zurückkehrten trauten wir unseren Augen nicht: Emsige Gärtner waren mit ihren Mähmaschinen am Werk! Alles Blühende fiel unter ihren Messern! Was vorher blumenübersät war wurde unter den Maschinen zu einer grünen, eintönigen Fläche. Wir fragten die Gärtner, warum sie solches täten, die Antwort war einfach: ein englischer Rasen, ein "Lawn", hat nicht zu blühen, er dient lediglich als ruhiger Hintergrund für die Beete und Bepflanzungen. Es wäre schon lange fällig gewesen den Rasen zu mähen, eigentlich müsste man ihn jeden Tag mähen, aber der vielen Arbeit wegen habe man gestern keine Zeit dazu gehabt.

Jetzt wussten wir Bescheid!
Es lebe der Garten, für den man nicht allzuviel Zeit hat! Und es lebe unsere damalige Unvoreingenommenheit!

Kurz darauf erlebten wir im Garten von Great Dixter das Folgende:
Ebenso ahnungslos wie in Hever gingen wir auf einem gepflegten Weg gegen den Hauseingang des berühmten Hauses zu, das Lutyens gebaut hatte, und das wir fotografieren wollten. Um das besser bewerkstelligen zu können, betraten wir die anscheinend vernachlässigte Wiese, die den Weg säumte. Eine nicht gerade elegante alte Frau im Gartenschurz, einen typischen englischen Gartenkorb am Arm, den sie mit sich trug und in dem sie Schere, Schnur und anderes Kleingerät verstaut hatte, kam ärgerlich auf uns zu, und rief schon von weitem: "Ich erlaube niemandem meine Gräser zu betreten!"
Es war die Besitzerin Mrs. Loyd!

Wir waren in ihr Heiligtum, das uns als ganz gewöhnliche Wiese erschienen war, eingedrungen! Anschliessend nahm sie gnädig unsere erschrockenen Entschuldigungen entgegen, wie sollten zwei stotternde Schweizerinnen, die sich besser auf Alpweiden und mit Kühen auskannten als mit den kostbaren Wiesen von Great Dixter, eine Ahnung von Englischer Gartenkunst haben! Huldvoll zeigte Mrs. Loyd uns dann noch das Haus und die Kissen in ihrem Wohnzimmer, die alle ihr Mann mit Motiven seines Lebens bestickt hatte.

Wie haben wir an diesem Tag gestaunt . . . .
Ähnlich reagierte einmal eine Bekannte, die im Frühjahr meinen Garten besuchte.

Mein blühender Apfelbaum berührte mit seinen Ästen fast den Boden, auf dem ihnen entgegen lila aufgeblühte Wiesenschaumkräuter wuchsen, ja wucherten, wie es diese Wildpflanze, die dem Aurora Falter unentbehrlich für seine Raupen ist, gern tut. Die Bekannte rief: "Was ist das für eine Pflanze, das muss etwas ganz Seltenes sein, die muss ich auch haben, die hast du sicher aus England mitgebracht!" Rings um blühten die Wiesenschaumkräuter auf jeder Wiese, sie hatte sie nicht wahrgenommen. Es war ja auch gar nicht möglich, dass ich so etwas Gewöhnliches wie Wiesenschaumkräuter duldete, gar kultivierte und bewunderte!
Im Altersgarten sollten wir uns weniger von Moden als von der Natur bestimmen lassen und von unserem Gefühl.

Meine Freundin Gilberte, eine engagierte und kenntnisreiche Gärtnerin, unternahm in vorgerücktem Alter den Versuch, aus einem leidlichen englischen Rasen eine Blumenwiese zu machen.
Das Spontane, das Wachsenlassen liegt ihr nicht so sehr, sie will gestalten und dabei alle Mittel ihrer Begabung, ihres Farbempfindens einsetzen. Ihre Motivation war einerseits die grosse Arbeit des Mähens altershalber aufzugeben oder wenigstens zu reduzieren, andererseits war da die gärtnerische Herausforderung. Sie fing behutsam, wie das ihre Art ist, an, indem sie in dem doch ziemlich grossen Rasenstück kleine Inseln stehen liess, Margriten-Inseln, die sich von selbst gebildet hatten. Ausgehend von diesen Inseln pflanzte sie, die Inseln erwei-

ternd, Wiesenblumen, die sie auf Spaziergängen gefunden und ausgegraben hatte. Das waren anfangs noch die üblichen Wiesenblumen wie Flockenblumen, Habichtskräuter, Wiesensalbei, Esparsetten, gewöhnliche starkwachsende Pflanzen, die man im Juni problemlos, mit hochgestellter Mähmaschine oder mit der Sense, mähen konnte. Mit diesen und immer kühneren Starthilfen entwickelte sich die Matte zu einem Blumenparadies, Günsel fanden sich ein, verschiedene Kleearten und eine grössere Schar Orchideen, Knabenkräuter, die Listera ovata und andere gediehen und vermehrten sich, ebenso Glockenblumen, Glanzstücke wie der Klappertopf, der Wiesenknopf, an heissen Standorten die Zypressenblättrige Euphorbie und Thymian.

Eine solche Wiese zeugt von hoher Gartenkunst und wird sich in dieser Zusammensetzung ohne arbeitsintensive Eingriffe und gezielte Pflegemassnahmen nicht halten können. Sie ist für unseren Altersgarten ungeeignet.

Es gibt soviele verschieden zusammengesetzte Wiesen, wie es Grundstücke gibt. Der Boden, der Bodenuntergrund, die Lage, die Neigung zur Sonne, Beschattung, alles spielt eine Rolle, Düngung schliesse ich hier aus. Eine nicht zu unterschätzende Rolle spielt die Art der Pflege. Wie oft und wann wird eine Wiese gemäht? Wohin mit dem abgemähten Material?

Vor ein paar Jahren setzte in den Gärten ein regelrechter "Margritenboom" ein. Das war und ist eine Reaktion auf die fragwürdig gewordene, häufige Mäharbeit und die hohen Gärtnerlöhne. Auf den sonst regelmässig gemähten Rasenflächen, auf denen nicht mehr gejätet wurde, kamen im Frühjahr Margriten auf, die man bis nach der Blüte bis zur Versamung gerne stehen liess. Dann ging man wieder zum Mähen über und die Margriten, die sich bodennah ausbreiten, blühten nächstes Jahr wieder und vermehrten sich. Lässt man indes Gräser aufkommen und mäht bis zum Herbst nicht mehr, verschwinden die Margriten wieder, sie werden erstickt.

Ich wollte es genau wissen!
Ich mähte in meine Matte einen Kreis mit nach den Himmelsrichtungen ausgerichteten Strahlen, schmale Wege, die mir sehr dienten!
Ich nannte ihn den "kosmischen Kreis!" Meiner Beobachtung nach müssten im nächsten Frühjahr auf den gemähten Weglein die Margriten besonders gut kommen und blühen, also erwartete ich einen weiss-strahlenden Stern inmitten der Matte! Und der Stern ging auf! Die Weglein erblühten im Mai in Weiss, der Rest blieb grüne Wiese. Das Gleiche Experiment gelingt mit Gänseblümchen. Aber auch mit der Braunelle! Hier die Geschichte der Braunelle (Prunella vulgaris).

Auf einem kleinen Rasenstück, dem Durch- und Zugang zum Garten, hielt ich das Gras nieder aus praktischen Gründen. Dann begann ich ein schmales Band in der Mitte des Stückes wachsen zu lassen, in geschwungenen Formen, das sollte die Paradiesschlange darstellen! So weit so gut, die Schlange schlängelte sich und ihre "Schuppen", verschiedene Kräutlein, wuchsen!
Unter ihnen begann die Braunelle, der das sehr behagte, sich auszubreiten, und eines Tages begann meine Paradiesschlange sich in blau-violetten Farbtönen abzuzeichnen! Die Braunellen blühten, was sie sonst im geschorenen Rasen nicht können.

Völlig überrascht und beglückt hatte ich endlich eine Schlange im Garten und dazu noch eine blaue!

Das Beispiel zeigt, welchen Einfluss Pflege auf ein Rasengefüge ausüben kann.

Jetzt im Alter werde ich die blaue Schlange wohl nicht mehr pflegen können aber vielleicht finden sich statt ihrer endlich die so erhofften Ringelnattern und ein paar Blindschleichen ein.

Ich weiss auch nicht, ob die Braunellen sich am gleichen Ort halten, oft wandern Pflanzen woanders hin, um sich neue Nahrungsquellen zu erschliessen.

Hat man sich zu einer "Natur"wiese entschlossen, muss man bereit sein, das was kommen will zu akzeptieren. Man kann nicht seine eigenen Ideen dem Boden aufzwingen. Oft kommt ganz Überraschendes, Unerwartetes, nicht Eingeplantes und nicht die wunderbar blauen Wiesensalbei kombiniert mit den rosa Esparsetten, auf die man sehnlichst aber vergebens wartet, und schon gar nicht der oft angepriesene rote Mohn, die blauen Kornblumen und die Kornrade, die aufgebrochenen Boden, also Acker, brauchen und nicht dort kommen, wo wir sie haben wollen. Solche Kreationen müssen wir meiner Maler-Freundin Karin überlassen, auf deren Gemälden alles blüht, so wie es sich ihre begnadete Fantasie vorstellt: Krokusse neben Päonien und Schneeglöckchen neben Herbstastern, Christrosen neben Sommerflor. Die "Natur"wiese organisiert sich selbst nach ihren eigenen Gesetzen.

Wer meint, er hätte endlich eine Margritenwiese mit blaublühendem Günsel und Kuckucksnelken und das würde jetzt so weiterblühen in alle Zukunft hinein, der wird enttäuscht. Auch auf einer Wiese ist nur der Wandel beständig. Die Blumen entwickeln sich wellenförmig, sie vermehren sich, falls es ihnen gefällt, halten sich zahlreich für kurze Zeit und nehmen dann wieder ab, denn der ungedüngte Boden braucht eine Erholungspause. Der Samen ist im Boden gut aufgehoben und wird zu einer von der Pflanze bestimmten Zeit wieder aufgehen und gedeihen in stetem Kreislauf.

Meine Schwiegertochter, die einen formalen, noch aus der Barockzeit stammenden Garten pflegt, beschloss, die kurz gehaltenen Rasenstücke, die stellenweise nur noch aus Habichtskräutern bestanden, nicht mehr zu mähen und es mit einer spontan-wachsenden Blumenwiese zu versuchen. Eigentlich erwartete ich noch mehr Habichtskräuter!

Aber was im nächsten Jahr das Rasenstückchen mit roten Blüten überzog war der Wiesenklee! Es war wunderhübsch anzusehen. So erlebt man seine Überraschungen, wo man sie nicht erwartet. Wie wohl der Klee sich nächstes Jahr verhält? Wenn wir unsere Ansprüche an den Englischen Rasen aufgeben, wollen wir uns umstellen und unsere Haltung dem Garten und der Natur gegenüber neu überdenken. Wir wollen uns ja das Stückchen Erde, das wir "unseren" Garten nennen erhalten, wir wollen so lang wie möglich nicht in eine Wohnung ziehen, wo wir den Regen nicht mehr auf den Blättern trommeln hören, wo wir die Erde nicht mehr spüren und riechen und wo uns die Maulwurfsgrillen mit ihrem Gebrumme am Abend nicht mehr ärgern!

Eine grosse Zahl Insekten werden sich mit den Pflanzen auf der Wiese einfinden, nicht nur Schmetterlinge und schillernde Käfer! Bevor wir den Schmetterling bewundern, frisst seine Raupe vielleicht unsere schönsten Pflanzen voller Löcher, und der Engerling des schillernden Käfers macht sich hinter die Wurzeln der bestgeliebten Pflanzen. Aber welche Welt tut sich da auf, wie reichhaltig und wie wunderbar! Und wir dürfen zuschauen und staunen! ! !

Im Altersgarten sollten wir zufrieden sein mit dem, was die Natur uns schenkt und das ist übergenug!

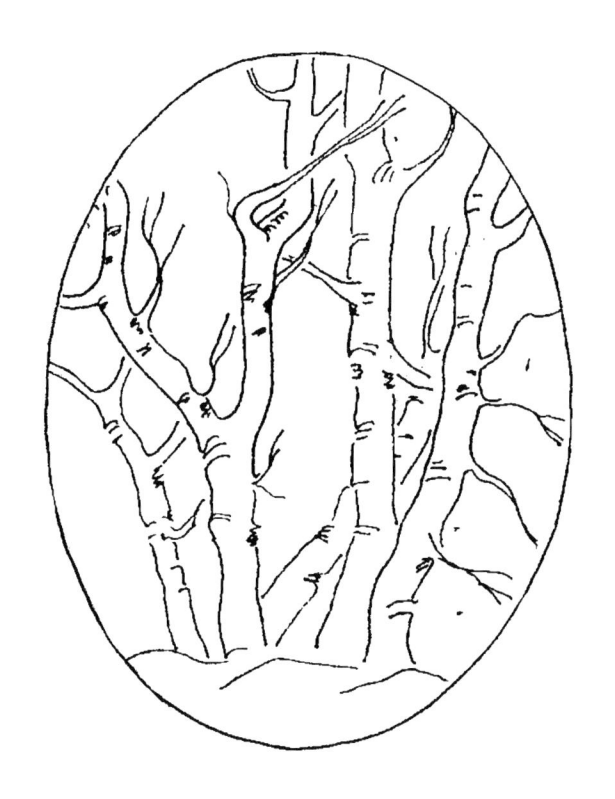

# Der Garten meiner Schwester

Der Garten meiner Schwester war der Garten der Künstlerin. *War*, denn sie ist im Alter von 72 Jahren gestorben.

Als junge Frau und Mutter von drei Kindern hatte sie den Garten selbst geplant und angelegt und obwohl Planen nicht ihre Sache war, hat sie intuitiv einen sich harmonisch in die Landschaft einfügenden Garten geschaffen, was die wenigsten Landschaftsarchitekten zu Stande bringen, denn diese haben zuviel am Schreibtisch gelernt und zu wenig in der Natur beobachtet.
Kenntnisse von Pflanzennamen, - nicht einmal die lateinischen! - machen noch keinen Gärtner, sie sind nur, und das sehr beschränkt, brauchbar und nützlich. Zuerst kommt immer der Künstler und seine Visionen, nachher, von ihm lernend, der Landschaftsgärtner und dann das Geschäft, die Vermarktung.

Künstler sein heisst auch, eine Leidenschaft haben. Meine Schwester war eine leidenschaftliche Gärtnerin. Sie stand morgens auf und ihr erster Schritt war in den Garten und ihr letzter Gang abends galt dem Garten, seinen Pflanzen und Tieren. Sie war immer am gestalten, am beobachten, am verbessern, am verändern und vor allem am sich einfühlen.

In seinen Anfängen war der Garten noch übersichtlich, nicht überfüllt, denn diese Gärtnerin hatte eine eigene Theorie Pflanzen einander zuzuordnen und was ihr in diesem Bild "fremd" erschien hatte keine Chance. Eine Theorie, die im Laufe der Jahre sehr gelockert wurde! Denn allzu viele Fremde oder anfangs scheel angeschaute Pflanzen

waren eben einfach schön, manchmal konnte man schon der Form wegen nicht auf sie verzichten und dann gar die Farben . . . .
Der Garten lehrt Toleranz!

Mit den Jahren und mit der Gärtnerin veränderte sich der Garten, wurde reicher, differenzierter, üppiger und innerlicher. Die Kinder zogen aus, der Mann und der Garten blieben. Der Mann sei selbständig und brauche nicht so viel Pflege und Aufmerksamkeit wie der Garten, meinte sie und wandte sich ihren Pflanzen, den Ersatzkindern, zu.

Diese Ersatzkinder müssen sie von weitem erkannt haben, denn sie trug immer einen Strohhut, den ihr einst ein Afrikaner geschenkt hatte und tagein, tagaus die gleiche Bluse, die sie selbst genäht und bedruckt hatte und die sie jeden Abend wusch und zum Trocknen aufhängte, um am nächsten Morgen frisch und adrett bei ihren Blumen erscheinen zu können. Es war eine originelle Gärtnerin.
Manchmal betrachtete sie ihre Hände, die mit den Jahren unter der Gartenarbeit und der Gicht gelitten hatten, und meinte:
"Meine Hände sind zu Grabschaufeln geworden."

Das Herzstück ihres Gartens war ein kleiner Weiher. Zuerst konventionell bepflanzt entwickelte er sich mit den Jahren zu einem wahren Juwel. Die Gärtnerin, die viel in den nahen Mooren und Sümpfen herumstrich, brachte hin und wieder eine Pflanze, die ihr geeignet erschien mit, pflanzte sie an ihren Weiher, und das Meiste gedieh. So entstand eine kleine Moorlandschaft mit den dazugehörenden Kleintieren und Insekten. Am auffallendsten waren die Wasserfrösche, die auf den bemosten Steinen am Ufer in der Sonne sassen oder auf den Wasserpflanzen tagsüber auf Beute lauerten, und nachts einen ziemlichen Spektakel verführten. Viel lauern mussten sie indes nicht, denn meine Schwester reichte ihnen ab und zu einen fetten Wurm und die daran gewöhnten Tiere nahmen die Gabe gnädig aus ihren Händen und flohen nicht mehr mit einem weiten Sprung ins Wasser.

Dann zogen eines Tages die Wespenspinnen, die anfangs der achtziger Jahre, als die Erderwärmung spürbar wurde, häufiger auftraten, ein und vermehrten sich. Die Gärtnerin beschränkte aber ihr Interesse nicht nur auf diese Spinnen im Garten, sie hielt sich, sozusagen als Haustier, eine Kreuzspinne, die das ganze Ostfenster des Esszimmers für ihr Radnetz beanspruchte, den Gebrauch des Fensters ausschloss und die jeden Morgen von meiner Schwester mit einer Fliege gefüttert wurde. Da konnte man dann beobachten, wie die Spinne sich auf die Fliege stürzte und sie in Windeseile einwickelte und fortschleppte zu weiterer Verwendung.

Als ich wieder einmal bei meiner Schwester zu Besuch weilte und mich abends nach dem Nachtessen nützlich machen wollte, nahm ich schwungvoll das Tischtuch, das meines Erachtens das nötig hatte, und schüttelte es zum Fenster hinaus. Plötzlich fuhr mir der Schrecken durch alle Glieder und der Herzschlag setzte mir aus: Ich hatte mit diesem völlig unnötigen Tun das Netz der Spinne zerstört. Es war mir im Moment nicht möglich die Untat zu beichten, feige verschob ich das auf den nächsten Tag, aber ich schlief schlecht und grollte mit den

Liebhabereien meiner Schwester. Was sollte das überhaupt? Eine Spinne als Haustier! Wer kam schon auf solche Ideen? Ich haderte mit der Spinne und mit meiner Schwester und überlegte mir hundert Varianten, wie und wann ich mein Geständnis anbringen könnte, bevor die Katastrophe entdeckt würde. Ein neuer, wunderschöner Sommertag brach an. Ich schlich ins Esszimmer und schielte nach dem Fenster, der Moment des Bekenntnisses schien gekommen. Da sah ich in der Morgensonne schimmernd wie eine Fata Morgana ein neues, vollkommenes Spinnennetz im Fensterrahmen glänzen!

Die ganze Nacht musste das mir jetzt so liebenswert erscheinende Tier gearbeitet haben, um dieses Kunstwerk so makellos und wunderbar zu erschaffen.

Meine Schwester pflegte Umgang mit den Nonnen des nahen Klosters. Die Nonnen wussten viel über Heilkräuter und zogen diese, Gemüse und manche andere altmodischen Pflanzen in ihrem Garten. Das verband die Frauen in herzlicher Freundschaft. Sie besuchten sich ab und zu gegenseitig. Die Nonnen zeigten besonderes Interesse an Blumen, die sie pressen konnten für ihre Blumenbilderkompositionen, wunderschöne Miniaturen, wie sie früher ähnlich schon immer in Klöstern hergestellt wurden. Meine Schwester schuf grosszügige Bilder aus Materialien, wie die Natur sie bot, Landschaften mit eingefärbtem Hintergrund. Das Merkwürdige daran war, dass nie ein Mensch in ihren visionären Bildern vorkam. Die Nonnen und meine Schwester widmeten sich diesen Tätigkeiten im Winter, wenn der Garten ruhte. Ich kenne kaum eine engagierte Gärtnerin, die sich nicht, vorzüglich

im Winter, einer künstlerischen Tätigkeit widmet. Da gibt es Frauen, die Patchwork-Decken anfertigen, es gibt die Weberinnen, die Bildhauerinnen, die Bastlerinnen, die Collagistinnen, die Malerinnen, die Floristinnen, und heutzutage eine Unzahl neuer, künstlerischer Berufe, zu denen der Garten in den ruhigeren Monaten Zeit lässt und Anregung bietet.
Es scheint das eine typisch weibliche Zeiteinteilung und Tätigkeit zu sein. Mit der vermehrten Berufsarbeit der Frauen wird sich das ändern, obwohl gerade diese Tätigkeiten einen hohen Wert darstellen und unser Aller Leben bereichern und lebenswert machen.

Zurück zu unserer Gärtnerin: sie war zeit ihres Lebens kräftig, gesund und vital gewesen. Auf Ihren Körper hatte sie wenig geachtet, er funktionierte ja bestens! Aber als sie 70 Jahre alt war, befiel sie aus nicht heiterem Himmel die bösartige Krankheit, die wenig Hoffnung auf Genesung liess. Ein Bein musste amputiert werden.

Die Gärtnerin kämpfte und der Garten gab ihr die Kraft zum Kampf. Sie gab nicht auf, weder sich noch den Garten. Ein Künstler gibt sein Bild nicht auf, ein paar Pinselstriche noch hier und da, ein paar Farbkleckse zugefügt, eine Missfarbe überstrichen, bis zuletzt.
Aber immer wieder überkam sie das Elend. Dann sass sie verzweifelt im Rollstuhl und fragte "Warum? warum? Ich glaube ich habe zu viel geschuftet, mich zuviel gebückt, das Bein einseitig belastet, immer der Erde zugewandt. Vielleicht war das zu viel?"
Ich fragte sie: "Hättest du es anders gewollt? Würdest du es heute anders machen?"

"Nein" sagte sie, "niemals".
Die Nonnen besuchten sie und brachten ihr ihre sorgfältig hergestellten Mixturen, eine Salbe aus Beinwell, die die Schmerzen im Bein lindern sollte. Die Nonnen sagten sie beten täglich für sie, und sie, die nie zur Kirche gegangen war, nahm es dankbar an. Die Nonnen schenkten ihr die kleinen, aus gepressten Blumen hergestellten Bildchen. Alles half der Seele, aber nicht dem Körper.

Nonne und Gärtnerin haben eine verbindende Eigenschaft: das Bedürfnis zu pflegen - und das über alle Kirchen, Dogmen und Religionen hinweg.

Ich schob die Kranke im Rollstuhl durch den Garten und wurde manchmal ihre Hand beim Jäten und Schneiden. Wir wussten alle, dass die Wochen, ja Tage gezählt waren, die Gärtnerin selbst wusste es, und doch plante sie weiter, in der Freude des Planens das Elend vergessend.
Bis zuletzt.

Wer hat je einem Garten genug gedankt?
Wir gingen langsam an einem kleinen Sumpf vorbei, den sie der Schönheit des Schilfes wegen und für die Vögel angelegt hatte. Sie sagte:
"Ich muss den Sumpf noch etwas vergrössern."
"Meinst du wirklich?" wagte ich zu fragen.
"Das Schilf ist herrlich, besonders im Winter."
"Ja, ja" sagte ich und mein Herz zog sich zusammen.

Sie erlebte den Winter und die Schilfflächen, von denen sie geträumt hatte, nicht mehr.

Beim ersten Schneefall ging ein grosser Ast des alten Birnbaums unter der Schneelast zu Boden, direkt vor dem Fenster der Sterbenden, aber sie nahm es nicht mehr wahr.

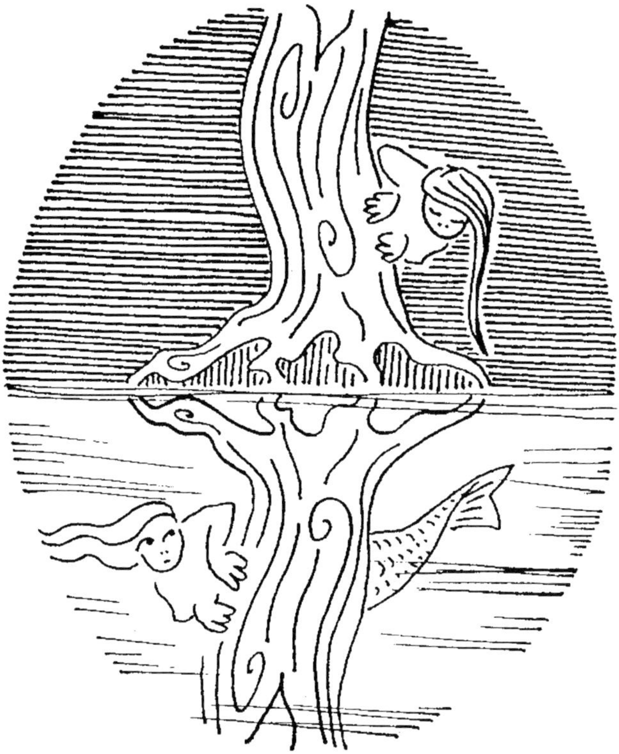

# Sechstes Zwischenstück
## Über Topfgärten  Gilberte gewidmet.

Viele Gartenfreunde ziehen im Alter aus Haus und Garten in eine Wohnung, weil ihnen die Gartenarbeit zu viel wird und sie meinen, ihr nicht mehr gewachsen zu sein.

Umsichtig sind sie in eine Wohnung mit einer *Terrasse* gezogen, denn ohne ein paar - nur ein paar - Pflanzen geht es ja nicht!
Crocusse? auf jeden Fall! Veilchen? sicher! ein Primeli für's Gemüt, eine kleine Rose für die Seele, und natürlich ein bis zwei, oder drei? Maiglöckchen für den betörenden Duft . . . .
Drei Schneeglöckchen, damit man auch merkt, wenn es Frühling werden will und für das Jahresende eine Winteraster.
( . . . und vielleicht noch eine Pflanze für die Insekten?)

Das gibt natürlich auch Arbeit, die Töpfe herumtragen, das endlose Giessen, womöglich mit einer elektronisch gesteuerten Bewässerungsanlage, die ihre Aufgabe stur und gedankenlos und nicht immer befriedigend erledigt, das Beschatten, das Absuchen nach dem Breitmaulrüssler, das Umtopfen . . . und im Winter wohin damit? Dann müssen auch noch geeignete Behälter für die Lieblinge ausgesucht werden, auch das ein endloses Werweissen!

Ich stelle fest, dass solche *Terrassen*gärtner *auch* immer beschäftigt sind und ihre Arbeit sich keineswegs reduziert hat.

Ein Topf- oder despektierlich *Kübel*-Garten kann eine eigene Atmosphäre ausstrahlen und in ihm drückt sich oft die Sehnsucht nach dem Fremden aus, "dort wo du nicht bist, ist das Glück." Er ist ein eigentlicher, zusätzlicher Wohnraum und wird als solcher auch fleissig gewischt, gestruppt, geputzt und gestriegelt. Auch das viel Arbeit!

Es ist nicht einfach, einen persönlichen Terrassengarten anzulegen, es braucht viel Erfahrung, die dem Anfänger fehlt und oft nützt die im eigenen Garten gesammelte Erfahrung wenig. Natürlich kann man einen gelernten Gärtner kommen lassen und das Glück in seine Hände legen, aber man will ja nicht nur das Grün, man will das Grün auch selbst gestalten.

*Garten*pflanzen in Töpfen benehmen sich eigenwillig und gar nicht so, wie wir das von ihnen erwarten. Wir wissen auch, alte, gute Gärtner, die wir sind, wenig über Wurzeln, und es kann sein, dass sie sich in dem ihnen verordneten Käfig nicht wohl fühlen, sie siechen dahin, faulen oder wuchern und brechen uns das Herz und manchmal sogar den Tontopf entzwei. Ich kenne noch nicht viele Topfgärten, obwohl sie "in" sind. Aber ich kenne zwei vorbildlich geplante und wunderschön gestaltete Terrassengärten, einer gehört meiner Freundin Gilberte und der andere meiner Cousine Lorli.
Sie zeigen aber auch, wie viel Arbeit und Mühe es braucht bis ein solches Kunstwerk entstehen kann. Und wie viel Pflege . . .
Trotz alledem, der Topfgarten mit all seinem Eigensinn und seinen Herausforderungen wird geliebt, diese Frauen geben nicht auf, aber wahrscheinlich müssen auch sie diesen Garten mit der Zeit reduzieren und vereinfachen und auf das Wesentliche beschränken. Ob es dann ein Veilchen oder ein Oleanderstrauch sein wird?
Oder nur der Traum davon?

Noch bevor die Topfgärten bei uns Einzug hielten, bin ich ihnen am eindrücklichsten in Griechenland begegnet.

Griechenland besitzt kaum eine Gartenkultur. Das im Sommer extrem heisse und trockene Klima und der karge, meist steinige Boden eignen sich nicht dazu.

Im Übrigen waren die griechischen Inseln im Frühjahr sowieso EIN *grosser, blühender Garten*, wie ihn schöner selbst Gott kein zweites Mal erschaffen kann. Im April - Mai brach unter den Oliven eine Vielfalt von Pflanzen aus dem Boden, die blühende Teppiche bildeten. Ich spreche in der Vergangenheit, denn bald nach dem zweiten Weltkrieg setzte auf den Inseln die Landflucht ein, die Kinder gingen nach Athen oder in eine Stadt, wo sie sich ein leichteres Leben versprachen, die Alten blieben klagend zurück. Wer sollte ihnen jetzt helfen die Olivengärten zu pflegen und zu erhalten? Unter den Oliven muss jedes Jahr gehackt werden, um die Oliven, die geschüttelt werden, besser auflesen zu können und um den Disteln beizukommen, die nicht überhand nehmen dürfen, denn die häufigen, gelegten oder natürlichen, zum Beispiel an Blitzen sich entzündenden Brände können auf der dürren Vegetation überspringen, sich rasend schnell ausbreiten und die Bäume schädigen oder gar zerstören. Wollten die Bauern ihre Olivengärten weiterhin erhalten, mussten neue Wege beschritten werden und diese neuen Wege bot die Chemie und neuerdings die EU an: Herbizide!

An das jährliche Hacken waren die Frühjahrspflanzen angepasst gewesen, ja die vielen wilden Zwiebelgewächse brauchten das Hacken. Jetzt ziehen sich diese schönsten aller Gärten an wenige entlegene Orte zurück und die blühenden Teppiche verschwinden: die Crocusse, die Orchideen, die Traubenhyazinthen, die zierlichen Gladiolen, die üppigen Wildtulpen, der rote Mohn. Die Chrysanthemen und die Kornblumen . . . .

Aber im Schatten der Innenhöfe, in den Siedlungen da wächst es noch, ein Gegensatz zu draussen, üppig und grün und saftig: In den

Topfgärten der Frauen! Gehegt und gepflegt, täglich begossen, gedeihen hier die schönsten Blattpflanzen in Behältern, die oft aus geweisselten oder blau gestrichenen Kanistern bestehen, jedenfalls in Behältern, die sich anbieten und nichts kosten. Pflanzen, wie sie bei uns in Töpfen gezogen werden wie Oleander, der Keuschlamm, Ginster oder die Wunderblume (Mirabilis jalapa) findet man in diesen Höfen nicht, sie kann man ja wuchernd an den wilden Hängen oder in den Bachbetten bewundern, wo sie indes nicht sehr gerne gesehen sind. Die "Wunderblumen" gar, wirkliche, wahre Wunder an Duft und Farbe, wachsen - falls man sie lässt - aus jeder Strassenritze und manchmal überbordend auf den entlegenen Friedhöfen, den Gärten des Todes - letztere an sich eine Reise wert!

Die griechischen Topfgärtnerinnen bevorzugen fremde, strotzendgrüne Blattpflanzen, die in den heissen Sommermonaten die Innenhöfe füllen und kühlen und in deren Schatten die Frauen nachmittags sitzen, gesellig, häkelnd und schwatzend.
Manch hastender Tourist mag sie beneiden.

*Faneromeni*
Ein Topfgarten, den ich nie vergessen werde, befand sich im Innenhof des kretischen Klosters "Faneromeni", was heisst: die "Erschienene" bezogen auf die Allheilige, die Mutter Gottes, die hie und da einem frommen Menschen erscheint und dann durch eine Kapelle, ein Kloster oder ein anderes Zeichen geehrt wird.
Von Meereshöhe stiegen wir damals etwa zwei Stunden zu Fuss hinauf in eine karge, gebirgige Landschaft, wo an einer der schroffen Felswände hoch überm Meer das Kloster klebte, von weitem kaum auszumachen, grau in grau, wie von Mauerbienen gebaut. Es war Herbst, Golddisteln säumten den Weg und ab und zu schauten einpaar Ziegen oder Schafe, die die letzten dürren Halme und Gräslein abfrassen, uns neugierig nach.

Es war heiss und wir, durstig und erschöpft, fragten uns, ob wir das Kloster je erreichen würden und ob es da oben überhaupt jemanden gab, der uns etwas *Wasser* gönnte?
Die Tiere mussten ja auch trinken, aber woher sollte das Wasser kommen?
Endlich erreichten wir das abweisende Tor des Klosters. Nach wiederholtem Klopfen öffnete sich langsam ein Torflügel, eine alte, schwarz gekleidete Frau erschien vorsichtig in einem Türspalt und musterte uns.
Ob sie etwas Wasser für uns habe? "Nero, nero?" sie liess uns wortlos eintreten. In den Innenhof.
Es verschlug uns Atem, Sprache und den Durst.
Aus einer vertrockneten, wüstenähnlichen Umgebung betraten wir hier eine unerwartete schattige Oase: kühl, mit üppigen Blattpflanzen, wassergetränkt, wuchernd aus Kanistern und Töpfen in vielfältigen Blattformen und in allen nur möglichen Grüntönen. Diese erfrischende Pracht war um einen Ziehbrunnen herum angeordnet, dessen Schacht sehr tief ins Gestein hinab reichen musste.

Das war der Garten der alten Frau, die uns jedem ein Glas Wasser brachte.
Aber dieses Werk ihrer Hände war ihr selbstverständlich und kein Gegenstand für Gespräche. Unsere Bewunderung mochte sie wohl freuen aber viel wichtiger war ihr, dass wir die kleine Klosterkirche betreten und bewundern sollten. Sie führte uns in den von Gold gleissenden und vor Sauberkeit blitzenden Kirchenraum, wo wir die Ikonostase mit ihren strengen Heiligen, die nie lächeln, bewunderten,

eine Kerze entzündeten, ein paar Drachmen in die dafür bereit gestellte Schale legten und ein Gebet verrichteten - ein Gebet für die Gärtnerin!
Der Pope, der hier mit seiner Haushälterin hauste, war nicht zu sehen. Die Kirchen zu pflegen und Topf-Pflanzen zu betreuen ist in Griechenland die Aufgabe der Frauen. Sie - und nur sie - verwalten das Wesentliche im Leben: Geburt, Tod und Glaube - und natürlich die Pflanzen! Oft sind es nicht Nonnen in unserem Sinn, es können auch verheiratete Frauen im Alter dieses Amt ausüben.

Nach aussen treten sie kaum auf. Sie sind würdig, schwarz gekleidet mit schwarzem Kopftuch und zurückhaltend, von ihren Kindern und Grosskindern werden ihnen die Hände geküsst.
Man nennt diese Frauen *kalògries*, die "guten Alten."

Wir traten aus dem Dämmerraum der Kirche in das Licht, das über Pflanzen und Hof lag, zurück in den feucht-kühlen Topfgarten.

Die Gute Alte mochte ihn lediglich als Vorraum zu ihrer Kirche auffassen, als schmückendes Beiwerk, uns erschien er gleichwertig: Der *Weg* zu Gott *und* Gottes Haus in Einem.
Vielleicht verlässt die "Faneromeni", die Allheilige, die Gottesmutter, gerne ab und zu ihre goldig - starre Ikonostase und setzt sich in ihren Topfgarten, wo sie gnädig - und vielleicht auch einmal lächelnd? - verweilen mag.
Ich bin mir gewiss, dass meine Freundin in *ihrem* Topfgarten, mit Hingabe täglich wirkend, mit der Zeit eine ähnliche Stimmung er-

schaffen wird mit ähnlicher Ausstrahlung, denn ihr Bestreben hier bei uns und das Bestreben der alten Frauen in Griechenland kommt aus dem gleichen Urbedürfnis nach Schönheit, die, wie immer sie aussehen mag, auch einen geistigen Wert darstellt.

Allerdings wird die "Allheilige" diesen Topfgarten bei uns nicht besuchen können, nur die bewundernde Freundin vom Nachbarsdorf! !

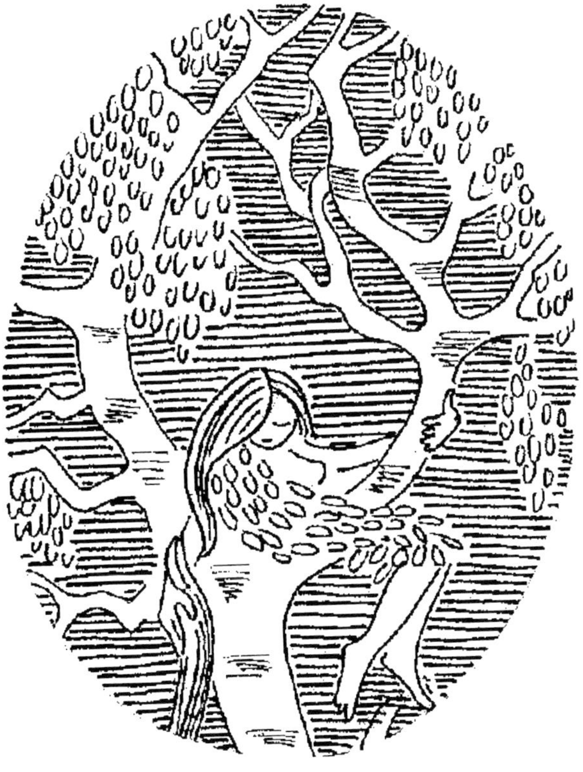

# Nicole
## Ein Altersgarten wird geplant.

To make a prairie it takes a clover and one bee,
One clover and a bee,
And reverie.
The reverie alone will do
If bees are few.
                    Emily Dickinson, Amerika, 19. Jahrhundert

            Die wörtliche Übersetzung:
Für eine Wiese braucht es einen Klee und eine einzige Biene
Einen einzigen Klee und eine Biene,
Und Träume.
Die Träume tun's auch,
Falls es wenig Bienen hat.

            Die "offizielle" Übersetzung von Gunhild Kübler lautet:
Für eine Wiese braucht es Klee und Bienen,
Je eins von ihnen.
Und Träumerei.
Die Träumerei tuts auch allein,
Bei wenig Bienen.

Eigentlich ist Nicole, diese ausserordentliche Gärtnerin noch viel zu jung, um sich in dieses Buch zu verirren, zu jung an Jahren, ein richtiger "Springinsfeld" aus meiner Sicht, aus der Sicht einer alten Gärtnerin.
Nicole aber, auf der Höhe der Jahre, erfahren, unternehmend und ideenreich, plant ihren Altersgarten, denn sie weiss, dass sie ihn so einrichten muss, dass sie ihn auch noch pflegen kann, wenn sie eines nicht so schönen Tages mit Wilhelm Busch sagen muss: "Au weitsch

mein Bein, heut plagt mich wieder s'Zipperlein!"
Darum hat sie sich auch vorgängig im Wohnzimmer ihres Hauses einen Winkel als Maltisch eingerichtet, an dem sie ihre Gartenvisionen mit Farben auf die Leinwand bringen kann, wenn die körperlichen Kräfte nachlassen sollten, denn Nicole ist auch eine begabte Malerin.

Also: Nicole macht sich schon jetzt Gedanken, wie sie ihren Garten von beträchtlicher Grösse vereinfachen und in den Grundzügen erhalten kann.
Denn das Gartengelände ist in jeder Einzelheit sorgfältig durchgestaltet, mit vielen Kammern, Beeten, mit einer Unzahl seltener Pflanzen, zusammengetragen von überall her, ein Garten mit Nischen, Elementen, und Eigenheiten. Nicole ist promovierte Landschaftsarchitektin. Sie hat diese anspruchsvolle Ausbildung in Angriff genommen als sie noch relativ jung verwitwet war und zwei Kinder zu erziehen hatte.

Diesen Garten zu vereinfachen ist eine schwierige Aufgabe. Nicole selbst nennt ihren Weg in die Zukunft: "Vom farbigen Staudengarten zum grünen Altersgarten."

Immer schon hatte sie sich für Gärten interessiert und da ihr Mann Engländer gewesen war, vorwiegend für Englische Gärten. Diese Gärten haben Nicole geprägt ohne ihre Eigenständigkeit zu beeinträchtigen, sie waren der Grundstock, von wo aus sie ihre Ideen entwickelte. Nach abgeschlossenem Studium machte sie erfolgreich ein eigenes Büro auf und entwirft jetzt auch für andere Menschen Gärten.

Wie nun geht Nicole mit der Planung ihres Altersgartens vor?
"Ich bin zu ordentlich" sagt Nicole von sich selbst, "ich muss lernen

auch eine andere Ordnung als nur die meine zu akzeptieren: Die Ordnung der Natur. Ich muss die Natur mehr zu Wort kommen lassen."

Das meinte sie, als sie mich besuchte in meinem Altersgarten in Arlesheim, in dem die Natur das Wort schon längst ergriffen hatte! Ich war glücklich über diese Art von Anerkennung meines Tuns und Lassens, hauptsächlich von Letzterem!
So quasi: "Die Anerkennung der Besten fehlt ihren Bemühungen nicht!"

Nicole fing an ihre Ornungsliebe, wie sie es nennt, ein wenig zu zügeln, indem sie die Rasenflächen, den sogenennten "English lawn", nicht mehr jätete oder mit Herbiziden behandelte. Allerlei kleine Kräutlein und Pflänzlein durften jetzt aufkommen, hauptsächlich die Rosetten-bildenden, die sich dem Boden anschmiegen. Der Rasen wurde weiterhin gemäht und kurz gehalten, um eine ruhige Fläche zu bilden, denn das ist der Sinn eines englischen Rasens.

Ein ganzes Rasen-Stück, etwas abseits hinter dem Haus gelegen, wurde sich selbst überlassen und nur noch zwei mal im Jahr gemäht. Jetzt kamen die Wiesenblumen auf, eine neue Welt ist daran sich zu bilden. Bald würden Ameisen, das Stückchen Erde besiedeln und ihre Nester, bezwecks "Hügel" darin anlegen, dann würde der Grünspecht kommen, und das Heer der Insekten, alle die Wildbienen, deren jede Art oft auf die Pollen einer einzigen Wildpflanzenart spezialisert ist, würden Einzug halten, Schmetterlinge auch, wenn genügend Futterpflanzen für ihre Raupen vorhanden waren, Grillen, Heugumper . . . . Welche Visionen!

Hinter diesem Wiesenstück befindet sich ein Gehölz, durch das ein schattiger Pfad führt zu einem kleinen, eingezäunten Stück Waldboden, etwa vier Quadratmeter gross. Dieses Stückchen Erde, Nicole nennt es ihren heimlichen Garten, darf kein Mensch betreten, es gehört ausschliesslich der Natur! Der Mensch, der überall auf der Welt eindringt und vor dem es kein Entrinnen mehr gibt, weil er sich als absoluter Herrscher fühlt, hier wird er ausgeschlossen, wenn auch nur symbolisch.

Das Irisbeet vor der Südfront des Hauses hat Nicole bereits aufgehoben, zu Gunsten einer Versammlung in Form geschnittener Buchsfiguren, in England "Topiaries" genannt, die an die berühmten englischen Gärten erinnern und die gegebenenfalls auch ein Gärtnergehilfe schneiden und in Form bringen kann. Das Grün ist zu jeder Jahreszeit angenehm und ausruhend fürs Auge.
Bleiben noch zwei grosse Staudenbeete.
Beide Bepflanzungen werden jetzt schon allmählich vereinfacht. Im kleineren Beet dürfen sich Gräser, Lavendel und die Prachtkerzen breitmachen, welche letzteren ein ganzes Beet viele Wochen, ja Monate lang füllen, mit ihren graziösen Rispen, an denen unzählige kleine weisslich-rosa Blüten wie kleine Schmetterlinge mehr flattern als sitzen.

Die Bepflanzung des grösseren Beetes ist auch noch in seiner jetzigen, bereits vereinfachten Form ein Meisterstück der Gartenbaukunst. Im Hintergrund wiederholen sich rhytmisch kleine Sträucher und Gehölze, im Mittelgrund ebenso halbhohe Stauden, wie zum Beispiel Euphorbien und im Vordergrund in gleichem Rhythmus niedere Stauden oder Polster. Alle möglichst schneckensicher. Ich sehe nicht viel, was man hier noch vereinfachen könnte, aber Nicole wird zur rechten Zeit schon das Richtige einfallen.

Dieses Meisterbeet hat aber nicht nur eine Vorderseite, es hat auch eine Hinterseite, und die ist es, die mich begeistert. Ihr entlang führt ein Plattenweg, eine Art Wallfahrtsweg, vorbei an 15 hell-milchigblauen, beschrifteten Stelen, jede etwa 150 cm hoch und 50 cm breit, die integrierter Bestandteil dieses Beetes sind. Auf jede der Stelen hat Nicole ein paar Worte des eingangs zitierten Gedichtes von Emily Dickinson gemalt. Die Idee des kirchlichen "Stationenwegs" wurde aufgenommen und in unsere Zeit umgesetzt. Im alten China bereits

hat man gerne die Gärten mit Sinnsprüchen bestückt, wie im Buch "Der Traum der roten Kammer" (circa 1730), bechrieben wird. Dieser Brauch wurde dann besonders von den Landschaftsgärten des 19. Jahrhunderts, mit ihren Ermitagen, übernommen und gepflegt. Nicole hat ihn in unsere Zeit hinein neu interpretiert und gestaltet.
Hier ist das berühmt gewordene Wort vom Weg, der das Ziel ist aufs schönste verwirklicht und dargestellt. Langsam schreitet man an den Worten vorbei, im Lesen das Gedicht erlebend und bedenkend.

Für eine
Wiese
braucht es
einen Klee und
eine einzige
Biene
Einen
einzigen Klee
und eine Biene
und Träume.
Das Träumen
tuts auch,
falls es
wenig
Bienen hat

Die Zenbhuddisten sagen: "Der Garten ist ein Pfad, der ins Reich des Geistigen führt."

Der alternde Gärtner befindet sich täglich auf diesem Pfad.

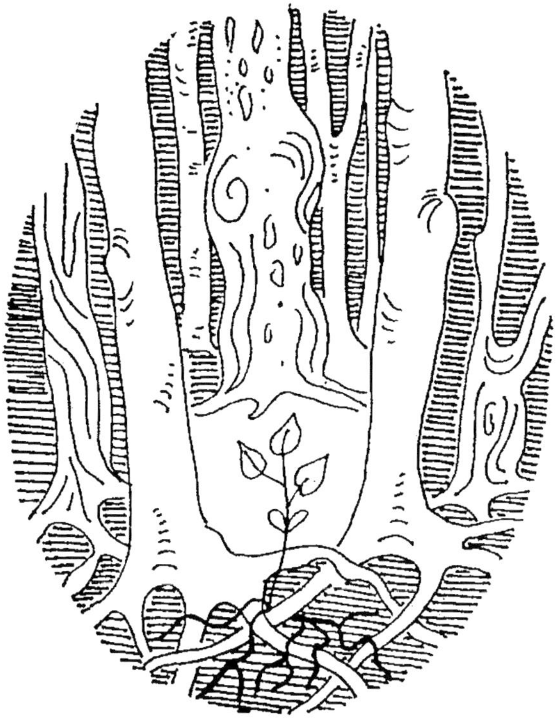

# Poesie im Altersgarten

Was ich jetzt im Alter für meinen Garten anstrebe, das ist ein poetischer Garten, ein Garten für die Poesie, ein Garten, der zum Verweilen, zur Beschaulichkeit und zum Nachdenken einlädt.
Dazu hat der im bewegten, lauten Leben stehende junge Mensch wenig Zeit.

Was aber ist Poesie und wie drückt sie sich im Garten aus?
Dem Gärtner stehen dazu keine Worte wie dem Dichter zur Verfügung, er ist auf die Pflanzen angewiesen. Er dichtet mit Pflanzen.

Ich fragte eine Griechin, was sie unter "Poesie" verstehe, ich dachte, sie muss es ja wissen, denn das Wort wird hergeleitet von dem griechischen Verb piaeo, was ungefähr *erschaffen* heisst.
Die Griechin meinte dazu: "Poesie, das sind die *Worte* der *Seele*."

Wo aber finden wir diese Worte der Seele im Garten?

Es ist leichter zu sagen, wo wir sie *nicht* finden.
Ich habe früher einmal die "Butchers Gardens" auf der Insel Victoria bei Vancouver in Kanada besucht.
Diese Gärten sind berühmt und Tausende von Besuchern drängen sich vor Tausenden von blühenden Blumenbeeten, der ganze Garten ist ein grosses Farbenmeer. Ein Heer von Gärtnern ist emsig beschäftigt alle halbwegs verblühten oder kranken Pflanzen auszureissen und durch neue zu ersetzen, sodass ein fortwährendes Blühen gewährleistet ist.
Altern, Verblühen und Verdorren erfüllt die Menschen mit Schrecken,

damit wollen sie nicht konfrontiert sein, damit wollen sie Nichts zu tun haben. In den Butchers Gärten wird eine Illusion gepflegt und der Sehnsucht der Menschen nach der ewigen Jugend wird Genüge getan. Ähnliches wurde in den Barockgärten der europäischen Schlösser, in den Parterres, angestrebt, in denen ganze Bepflanzungen ständig ausgewechselt wurden. Der Fürst und seine Gärten dürfen nicht altern, sie sind ewig jung und vital, und deshalb ewig siegreich!
Diese Gärten sind gewiss keine poetischen Gärten.

Peinlich gepflegte Gärten strahlen keine Poesie aus.
Sie können im besten Fall die Ästhetik befriedigen. Diese lässt keine Fantasie zu, sie kann nicht anregen, sie ist um ihrer selbst willen da. Ein geharktes, sauber gejätetes Rosenbeet, voll der schönsten Teerosen, mit all den kopflastigen Preisgewinnerinnen ist jeder Poesie fremd. Viele dieser Fürstinnen, Madamen, Königinnen, Baronessen und Marquisen haben sogar den Duft verloren und begnügen sich mit Grösse und Pracht und sie können ohne "Pflanzenschutzmittel" gar nicht überleben.

Die Tulpenfelder Hollands, die so viele Menschen begeistern und zu Carreisen - inclusive eine Packung Blumenzwiebeln gratis - verführen, entbehren jeder Poesie. Selbst der relativ bescheidene "Irisgarten" in Brüglingen bei Basel, in dem man im Juni Hunderte von verschieden farbigen Iris bewundern kann, hat als Vergleichsgarten seine Berechtigung, ist jedoch ohne Poesie und nach der kurzen Blüte unansehnlich.
Kein Poet käme auf die Idee ihn zu besingen! .

Die Welt der Poesie wird durch Beziehungen *erschaffen* und dadurch, wie die Fantasie damit umgeht. Nicht der Gärtner von Berufs wegen ist gefragt.
Lassen wir unsere Seele unser Gärtner sein.

Da wendet sich dann das Gemüt dem *Anrührenden, in sich Versunkenen, Innigen und Halb-Wilden zu*. So haben es die Poeten, die Romantiker vornehmlich des 19. Jahrhunderts, empfunden, das haben sie besungen, das war ihr Weg "der Menschheit ihren möglichst vollständigen Ausdruck zu geben". (Schiller)

Wie gebe ich dem *Garten* seinen möglichst vollständigen Ausdruck?

Es gibt poetische Gartenwinkel, die mich berühren. Das sind die Winkel, die die Fantasie beschäftigen. Sie sind nicht ganz wild, aber ein wenig verwildert.

Ich denke an einen halbzerfallenen Holzgartenzaun mit einer zugewachsenen kleinen Türe. Dahinter blühen im Frühling die Schneeglöckchen. Was kommt dann? Warum ist die Türe nicht mehr benutzt? Wer hat die Schneeglöckchen gepflanzt? Und dann beginnt die Fantasie zu "dichten", *eine andere Erlebnisebene wird betreten.*

Ich denke an alte Gartenmauern. Nicht an gerade, saubere Betonmauern, die gesandwashed(!) werden, auf denen auch keine der hübschen, harmlosen Flechten wachsen darf, sondern an vom Alter gezeichnete Bruchsteinmauern, die Geschichten erzählen könnten.

In meinem Dorf bin ich einmal im April an einer solchen Mauer vorbeigegangen, als ein wunderbarer Veilchenduft meine Schritte anhielt. Hinter der ziemlich hohen Mauer mussten Veilchen blühen und zwar die "echten" wohlriechenden! Immer, wenn ich jetzt - noch nach

Jahren - an dieser Mauer vorbeigehe, denke ich an die Veilchen und meine Fantasie malt sich aus, was alles hinter dieser Mauer blüht und duftet!
Sie *erschafft* sich einen Garten!

Ich glaube indes, es hat schon lange keine Veilchen mehr dahinter!

Ich denke an Gartenbänke, halbversteckt zwischen blühenden Büschen, Holzbänke, die vielleicht ein wenig veraltet sind und auf denen einmal - wer ? - gesessen hat?

Unsere Sitzplätze sind oft langweilig, sauber und aufgeräumt, mit glatten Böden und Plastic-Stühlen, pflegeleicht. Man sitzt auf ihnen wie in einer Gatenmöbelausstellung. Hier lässt sich die Poesie nicht nieder.

Natur allein ist nicht poetisch, zu dem Poetischen Erlebnis braucht es des Menschen Geist, seine Schöpfungskraft. Ein Spinnennetz, das in der Morgensonne glänzt im Schmuck von Tausenden von Tautropfen ist ein Wunder der Natur aber noch keine Poesie. Erst der Mensch kann es zum poetischen Erlebnis erheben.

Hans Christian Andersen, der grosse dänische Märchendichter hat zweimal einen Garten beschrieben, einmal den Garten des Kaisers von China und einmal einen Garten der Unterwasserwelt.

Die paar Worte, mit denen er das tut sind *reine* Poesie.
Der Dichter war nie weder in China noch hat er die Korallenriffe je gesehen, aber keiner der zahllosen Unterwasser Taucher und Chinareisenden mit Abertausenden von Fotos haben ihre Erlebnisse und das Wesentliche dieser Welten so anschaulich und eindrücklich festgehalten wie Hans Christian Andersen (1805 - 1875).

Aus "Die Nachtigall" von H.C. Andersen:
*"Im Garten sah man die wunderbarsten Blumen und an die allerprächtigsten waren Silberglocken gebunden, die erklangen, damit man nicht vorbeigehen möchte ohne die Blumen zu bemerken."*

Aus "Die kleine Seejungfrau" von H.C. Andersen:
*"Sie (Die kleine Seejungfrau) pflanzte (auf dem Meerboden) eine rosarote Trauerweide, die wuchs herrlich und hing mit ihren frischen Zweigen gegen den blauen Sandboden hinunter, wo der Schatten sich violett zeigte und gleich den Zweigen in Bewegung war; es sah aus, als ob die Spitze und die Wurzeln miteinander spielten und sich küssten."*

"Poetische Pflanzen" im Altersgarten.

Es gibt Pflanzen, die uns als ausgesprochen poetisch anmuten. Das hat viel mit unserer Erziehung, Kunst und Literatur zu tun, aber auch mit der Persönlichkeit des Einzelnen und seinen Empfindungen, Beziehungen und Erfahrungen.

Als wenig poetische Pflanzen möchte ich die exotischen Pflanzen nennen, zu denen wir noch nicht viel Beziehung haben oder die Neuzüchtungen alter Gartenpflanzen, die alle in Richtung Grösse, Pracht, Prunk und barocker Entfaltung gehen. Selbst eine "Madame Meilland"-Rose, eine "Gloria Dei"-Rose oder eine "Königin Elisabeth"-Rose kann es nicht mit der einfachen Blüte unserer Heckenrose aufnehmen. Bei dem Anblick der Prächtigen hätte Goethe gewiss nicht "Sah ein Knab ein Röslein stehn" gedichtet, schon eher: "sah ein Guy ein aufgedonnert Model stehen"!
Auf dem Gebiet der Iris-Neu-Züchtungen gar gibt es heute ungeahnte Farbkombinationen, Riesenblüten in formlosen Büscheln, mit Rüschen und Wellengekrause, aber keine erreicht die vollkommene Irisform, die wir von den alten Sorten her kennen und auf den Marien-

bildern des Mittelalters und der Renaissance bewundern. Dasselbe gilt für die Taglilien. Für unseren Altersgarten sind die alten Iris- und Taglilien-Sorten den Neuzüchtungen auf jeden Fall vorzuziehen, ganz einfach auch weil sie gesund, reich- und langblühend, anspruchslos und formvollendet sind - und duften! Ein junger Gärtner wird Experimente mit den Neuzüchtungen machen wollen, aber der alte Gärtner hat keine Zeit mehr für solche Versuche.

In die gleiche Richtung gehen die neuen Tulpenzüchtungen, so gross, dass sie kaum mehr aufrecht stehen können, so dass wir sie an eine Krücke binden müssen. Sie sind oft gefüllt, denn das bedeutet Reichtum und Überfluss und das macht sie zum begehrten Statussymbol! Man vergleiche Ihre Formen mit unseren Rebbergtulpen, so elegant, so formvollendet, so graziös. Sie allerdings gehören in einen Rebberg und nicht in unsere Gärten, wo sie wuchern und oft keine Blüten mehr bilden. Es gibt aber noch genug ältere Tulpen-Sorten, ausdauernd, blühwillig und formschön.

Poetische Pflanzen sind im Grunde genommen altmodische Pflanzen, die in den Bauern - oder Klostergärten schon blühten und - - - dufteten, denn der Duft gehört dazu, ja er ist wesentlicher Bestandteil eines Gartens, der auch wirklich ein Garten sein will.

Alle diese Pflanzen haben ihre Geschichten und Gedichte!

Eine ausgesprochen poetische Blume, wenn auch nicht unbedingt eine Gartenpflanze, ist das Maiglöckchen, Symbol des Frühlings schlechthin, wie der Ruf des Kuckucks. Sie wecken in uns Empfindungen, erinnern an Lieder und Stimmungen, sie *bewegen* unsere Einbildungskraft. Hier möchte ich einen Abschnitt aus einem Buch: "Die wundersame Welt der Opal Whiteley", seinerzeit ein Bestseller in Amerika, zitieren. Opal, ein kleines Mädchen, etwa sieben jährig, sucht die Seele eines geliebten verstorbenen Tieres.

Sie schreibt in ihr Tagebuch:
*"Ich habe sie (die Seele) nicht gefunden, aber ich glaube, wenn der Frühling kommt, dann finde ich sie bei den Blumen. Wahrscheinlich in einer Maiglöckchenblüte."*

Päonien, im alten Griechenland dem Arzt der Götter geweiht, Reseden, Levkojen, Vergissmeinnicht, Glockenblumen, Narzissen, die Madonnenlilie, die Herbstastern, der Efeu, sie alle gehören in meinen poetischen Altersgarten, auch die Kaiserkronen, die Eichendorff in den folgenden, schon erwähnten, vier einfachen Zeilen besingt, in denen die ganze schwebende Stimmung liegt, die wir uns für unseren poetischen Altersgarten wünschen.

"Kaiserkron und Päonien rot,
die müssen verzaubert sein,
Vater und Mutter sind lange tot
Was blühen sie hier so allein?"

Und Gottfried Benn in dem Gedicht *Astern*

Noch einmal ein Vermuten
wo längst Gewissheit wacht,
Die Schwalben streifen die Fluten
und trinken Fahrt und Nacht.

Und vergessen wir den Flieder nicht und den guten, alten Holderbusch, in ihm wohnen die wohlwollenden Hausgeister und wenn er blüht nimmt er es mit einem ganzen Rhodedendron-Tal in Schottland auf. Nicht verzichten kann man auf die Veilchen, die von Mörike, G. Keller, Goethe und andere vielbesungenen, die den Frühling künden, ein wenig versteckt in ihrem Laub und sich manchmal nur durch ihren Duft verratend.

Eine ganz besondere Pflanze für meinen Altersgarten ist der Seidelbast (Daphne mezereum). Wer möchte sie nicht im Garten beherbergen, die Nymphe Daphne, die von Apollo geliebte und ihn fliehende und von Zeus in den wunderschönen kleinen Busch verwandelte, die in unseren Laubwäldern oft schon anfangs März blüht und duftet und leider immer seltener wird. Eine Kostbarkeit sind auch die Aurikeli, die man heute kaum mehr kennt

Auch wenn wir alle diese Pflanzen in unseren Garten holen und ansiedeln, so haben wir dadurch noch keinen poetischen Altersgarten! Ein grosser Teil der Kunst liegt in dem Zusammenstellen, wo sollen sie wachsen, in welchen Kombinationen, Harmonien, in welchem Verhältnis von Farbe, Form und Grösse zueinenander, und dazu hinwiederum braucht es das Gefühl. Und die Fantasie. Wir müssen aber einiges der Natur überlassen und ihr nichts aufzwingen. Das Alter und der schmerzende Rücken werden uns dabei helfen!

Wir haben von Worten, Farben, Harmonien, Formen und Düften gesprochen, aber zur Poesie im Altersgarten gehören auch die Stimmen, die Vogellieder, der Wind im trockenen Laub, die Grillen und das Zirpen der Heuschrecken, der Ruf der Raubvögel, des Bussard, wenn er sich im Frühling in den Himmel hinaufschraubt, ohne Flügelschlag. Und natürlich das lästige Quaken und Krakelen der Frösche! Ihr Beitrag ist nicht selbstverständlich, wir müssen ihnen helfen, ihnen Raum geben, damit sie bei uns leben und weiterquaken können.

Das wäre eine ganz wichtige Aufgabe, besonders des alten Gärtners, der um die Zusammenhänge weiss.

Wir müssen gut hinhören, um die "Worte der Seele" noch wahrzunehmen in all dem Tohuwabohu der Geräusche, die unsere Zeit produziert, in all dem hastigen Gesumme, Geklirre, Getöne, Gekreische und

Gelärme der Handys, der Radios und Fernseher, der Autos, der Flugzeuge, der Kaffeemachinen und anderer technischer und elektronischer Geräte und Installationen.

Mit einem naturnahen Garten schafft der Gärtner die Bedingungen für die Poesie.

Wenn es uns gelänge Poesie als Ausdruck des Künstlerisch-Wunderbaren in unseren Gärten sichtbar und erlebbar zu machen, wäre das die Krönung eines Gärtnerlebens.

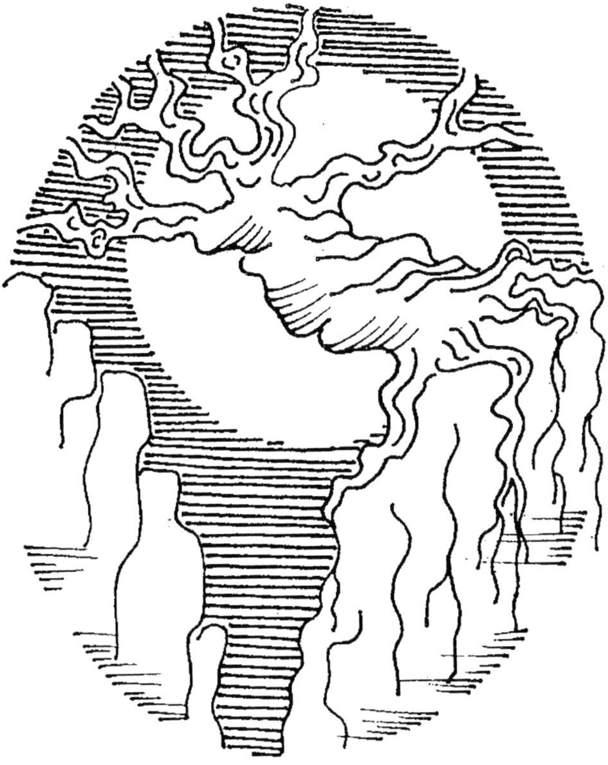

# Der alte Garten

Der alte kleine Garten mit dem verschlafenen Lusthaus,
Heimliche Sonne hüllt ihn in Sonntagsschweigen.
Alle Wege geh ich, die einst unendlichen,
In den Brunnen blick ich, den unergründlichen,
Über die Mauer schau ich, wo dunkelnd im Efeu damals das Märchen
flüsterte.

Richard von Schaukal.

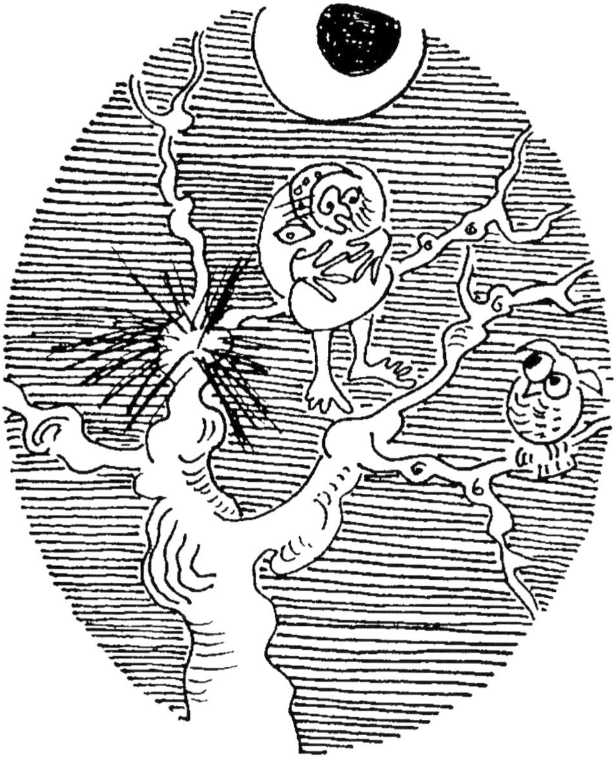

Der Umschlag dieses Buches zeigt eine *Gartenplanze*, die rosa blühende Tamariske und eine *Wildpflanze*, den Löwenzahn.

Die Tamariske verkörperte im alten Griechenland Schönheit und *Jugend*.

Die Samenkugel des Löwenzahn, vollkommen abgerundet, weist auf das reife *Alter* hin, jederzeit bereit beim ersten Windstoss *loszulassen* und die letzte Bindung zur Erde aufzugeben.

Photo: Inge Kober